関東公方《かんとうくぼう》
足利氏四代

基氏《もとうじ》・氏満《うじみつ》・満兼《みつかね》・持氏《もちうじ》

田辺久子

吉川弘文館

目次

序章　足利義詮

室町幕府の将軍になりたかった関東公方《くぼう》がいた。鎌倉の鶴岡八幡宮に血書の願文《がんもん》を奉納してその意思を表したのは、四代関東公方の足利持氏《あしかがもちうじ》であった。

南北朝・室町期、鎌倉を本拠に関東を統治していた関東公方は、京都の将軍足利氏の烏帽子《えぼし》子《ご》（元服の時将軍の名の一字を与えられる）であった。そのような立場の持氏が何故このような野望を抱いたのか。しかしこれは突然の出来事ではなかったのである。持氏の父満兼《みつかね》にも、さらには祖父氏満《うじみつ》にもその野心はあった。

関東公方の初代とされる基氏《もとうじ》は、室町幕府初代将軍足利尊氏《たかうじ》の息子であり、二代将軍義詮《よしあきら》の弟であった（一一七頁系図参照）。そして基氏以降関東公方は父から子へと受け継がれた。この関東公方の出自と世襲に、公方を反幕行為へと導いた大きな要因があるのではないか。彼ら公方達の親子関係、人間性や生きざま、そして周囲の人々との関わり等に注目しながら、四代の歩みを約百年に渉《わた》って見つめたい。

まず基氏に先立って実質的には関東公方の職務を勤めた義詮の話から始めよう。

1 尊氏の子供達

長子竹若、嫡子義詮 諸史料によれば、足利尊氏（初名は高氏であるが、尊氏で統一する）の子供は十人認められる。長幼について検討してみよう。元弘《げんこう》三年（一三三三）に元弘の変に関係して登場する尊氏の子は、竹若《たけわか》（母は加子《かこ》六郎基氏の娘）と千寿王《せんじゅおう》（母は赤橋久時《あかはしひさとき》の娘登子《とうし》、当時四歳、以後は元服後の名である義詮と記す）であり、いずれも幼名で出る。「太平記」（巻一）にみえる竹若は尊氏の長男とされ、当時伊豆走湯山《いずそうとうさん》（静岡県熱海市）に入っていた。竹若の伯父法印覚遍《ほういんかくへん》が伊豆走湯山密厳院別当《みつごんいんべっとう》であったからであろう。この変に際して上洛を試みた竹若は、駿河国浮嶋《するがのくにうきしま》が原（静岡県沼津市）で北条方に討たれたという。竹若と共に行動した「伯父ノ宰相《さいしょう》法印良遍」（「太平記」巻十）は覚遍のことであろう。なお「尊卑分脈《そんぴぶんみゃく》」によると、覚遍は「元弘三壬八討死」している。元弘三年に閏八月はなく「壬」は五の誤りかとみられ、五月八日に死んだのであろう。降って建武《けんむ》四年七月二十四日尊氏は醍醐寺《だいごじ》の隆舜《りゅうしゅん》を密厳院別当に補任しているが、その隆舜に覚遍および竹若の後世供養を委ねた（「醍醐寺文書」二一四）。

鎌倉に人質として残された義詮は、父の北条氏への裏切り（尊氏が丹波国《たんばのくに》の篠村《しのむら》八幡（京都府亀岡市）

に納めた挙兵の願文の日付は元弘三年四月二十九日）に呼応して、五月一日鎌倉を逃れ行方をくらました。やがて下野国《しもつけのくに》で兵を挙げ、軌を一にして反幕行動を起こした新田義貞《にったよしさだ》軍と共に鎌倉の北条氏を攻めた。尊氏が義詮を人質として鎌倉に置き北条方として上洛したのをみると、義詮が尊氏の嫡子《ちゃくし》と認識されており、かつ尊氏は嫡子を失わない自信があったとみられよう。「土屋文書」にある建武二年（一三三五）十月の新田義貞奏状《そうじょう》写《うつし》とされている文書の文中に、「尊氏長男義詮」が百余騎を率いて元弘三年六月三日に鎌倉に還入したとみえる。これは建武二年七月の中先代《なかせんだい》の乱に際し鎌倉に下った尊氏らが、乱平定後、後醍醐天皇《ごだいごてんのう》の上洛命令を無視して鎌倉に滞在し勅命に背いた時、尊氏らの誅伐を義貞が奏上したものとされるが、少なくとも建武二年十月のものではない。それは千寿王が元服して義詮と名乗ったのは康永《こうえい》元年（一三四二）十二月一日であるからである。それはさておき、義詮が尊氏の長男と認識されていたことを知る。後述するように義詮は尊氏の正室が生んだ長男であった。

直冬　さてこの元弘三年には既に誕生していたと思われるのが直冬《ただふゆ》（母は越前局《えちぜんのつぼね》）である。没年に関して諸説が伝わっている。嘉慶《かきょう》元年（一三八七）七月二日に七十四歳で死んだという説、同二年七月死亡説、応永《おうえい》七年（一四〇〇）三月死亡説である（瀬野精一郎氏「足利直冬」『国史大辞典』）。嘉慶元年に七十四歳というのは、尊氏十歳の時の子となり不自然である。七十四歳というのを言い伝えられた直冬の享年と考えて、仮に応永七年に七十四歳で死んだとすると、直冬は尊氏二十三歳の時の子となり、義詮より三歳年長となる。なお直冬の花押《かおう》は貞和《じょうわ》五年（一三四九）四月以降確認される。十五歳判始《はんはじめ》の慣習から、貞和五年が十五歳であった可能性もなしとしないが、歴史上直冬が活躍するのがこの年以降であるので、当時例え二十三歳であったとしても何ら問題はない。

基　氏　ここでひとつ従来直冬に比定されている儀礼についてみてみたい。「師守記《もろもりき》」康永三年（一三四四）六月十七日条に「左兵衛督直義朝臣《さひょうえのかみただよしあそん》子息、実将軍子息也、学問始」とあるもので、この子息を『大日本史料』六編は直冬に比定している。果たして妥当であろうか。それは同日に「深剃・着袴《ちゃっこ》・馬乗始・弓始」も行っているからである。『古事類苑』礼式部をみると、着袴は五歳で行われたとする史料が多く、また深剃は深削《ふかそぎ》のことと思われ、髪のすそを切り揃えて成長を祝う儀礼である深削も五歳頃とされる（『日本国語大辞典』）。「迎陽記《ごうようき》」によれば、応永五年（一三九八）十一月二十一日「室町殿若君姫等有御祝儀、若君大樹御一腹、前大納言養君、五才、御着袴、若君大樹御母儀妹御腹、五才、御着袴」とみえ、将軍義持《よしもち》と同腹の若君（義教《よしのり》）が五歳で着袴の祝儀を行い、義教とは従兄弟である若君も同時に五歳で着袴を行ったという。武家においては着袴を行うのは五歳であったとみてよかろう。さてこの年康永三年に五歳の尊氏の子に光王《こうおう》（亀若《かめわか》とも。母は嫡子義詮と同じ赤橋登子で、のちの基氏）がいる。直冬が基氏よりかなりの年長であることは直冬の活躍から認められる。前述のように直冬が最も若いとしても貞和五年に十五歳であり、いま問題としている康永三年は十歳である。着袴の年齢にしては高すぎよう。一方で基氏が直義の「猶子《ゆうし》」となっていたとする系図があり、その実態をこの「師守記」は伝えているのではないか。師守にとっては、直義のもとで育てられている尊氏の子基氏は、「直義朝臣子息」と認識されていたことになる。

以上のように、尊氏は生まれた男子竹若・直冬の二人までも嫡子とすることがなかったと考えられる。尊氏は元応《げんおう》元年（一三一九）十五歳で従五位下治部大輔《じぶたいふ》に任じられた後、正室登子と結婚したのであるが、それが何時かは分からない。登子は尊氏より一歳年下であり、二人の間に義詮が生まれたのは尊氏二十六歳の元徳《げんとく》二年（一三三〇）である。尊氏にとっては待ちに待った嫡子誕生であった。

聖王と娘達　尊氏が京都に幕府を開いて後に誕生した子供については、まず「賢俊僧正日記《けんしゅんそうじょうにっき》」暦《りゃく》応《おう》五年（一三四二）条を見てみよう（山家浩樹氏「本所所蔵『賢俊僧正日記』暦応五年条について」『東京大学史料編纂所研究紀要』第九号）。二月の記事の冒頭に、尊氏以下の「御衰日《ごすいにち》」（陰陽道でいう十二支等による悪日の一つ）が記されているが、尊氏の子供達については次のようである。

鎌倉若君　若君四辰戌　三若君三子午　姫君　一、姫君六丑未

鎌倉若君は義詮で当時十三歳、若君は聖王《しょうおう》で四歳、三若君は基氏で三歳、二人いる姫君のうち長女は六歳（人名比定は山家氏による）であった。義詮以外はこの頃尊氏の元にいた子供達とみられ、尊氏と登子との間の子であろう。後に鎌倉府《かまくらふ》の主《あるじ》（関東公方、後述）となる基氏は暦応三年（一三四〇）生まれであり、義詮の十歳年下である。右の記述は、基氏が尊氏の三男であることを意味していると思われ、「園太暦《えんたいりゃく》」にも基氏が「将軍三男」であるとみえているが（観応《かんのう》三年八月三十日条）、それは正室登子との間の子として三番目の男子ということであろう。降って「公賢公記《きんかたこうき》」等の康永四年（一

三四五）八月一日条には、将軍尊氏の男子が早世したことが見え、先年に女子も死んでいるという。「師守記」は死去の子息の年齢を「四、五歳歟」と伝えている。とするとこの時六歳であった基氏の下に男子がいたことになるが、後に述べる英仲《えいちゅう》が基氏の弟であるとしても、応永二十三年まで生存する。「園太暦」は基氏を「将軍末息」（正室との間の末の男子の意か）としている（貞和五年七月九日条）。そこで康永四年八月一日死去した尊氏の子は、「常楽記《じょうらくき》」がこの日「将軍御息聖王」が七歳で他界したと記す聖王のことであろう。先年に死去した女子については、「師守記」康永四年八月二日条に載せる将軍家凶事の例によると、溯る康永元年（暦応五年四月二十七日に康永と改元された）十月二日に将軍の息女が他界したことが分かり、「六歳歟」との注記がある（なお「園太暦」によると九月の出来事となる）。これは山家氏紹介の「賢俊僧正日記」の六歳の姫君と年齢が合致する。

この女子が死んで三年後の康永四年正月二十八日、朝廷で尊氏の女子を「姫君」と称するか否かが論じられている（「園太暦」）。系図によると「崇光院后妃《すこういんこうひ》」（母は義詮・基氏と同じ登子）になっている尊氏の娘がおり、この女子が先にみた「賢俊僧正日記」暦応五年（一三四二）条に登場している姫君の可能性が考えられる。そして更にこの女子が、文和《ぶんな》二年（一三五三）十一月九日に死去し二年後の十一月六日従一位を贈られた頼子《よりこ》（「師守記」貞治四年五月八日条）ではなかろうか。贈位の事実や実名が分かることなどから、頼子が崇光院の后となった女子とみられ、基氏の妹とすれば享年は十二歳または十三歳となる。

ところで文和二年十一月一日から「将軍息女所労危急」となり、六日から冥道供《みょうどうく》が修せられたが、その息女の名は「鶴王《つるおう》」と注記されている。この鶴王が同十一月九日に死去した頼了と同一人物であろうと湯之上隆氏は推測されている（『日本中世の政治権力と仏教』）。頼子であったとして幼名で記されている理由は分からないが、可能性は高いかもしれない。

さらにこの他に尊氏の娘の存在が認められるのは、「師守記」貞和三年十月十四日条に「鎌倉大納《だいな》言《ごん》息女他界、五歳、武衛《ぶえい》これを養なわると云々《うんぬん》、武衛第三条坊門において他界すと云々」（原漢文）とみえるもので、直義が養育していた。約一ヵ月後の十一月十一日尊氏は「息女源氏法名了清《ほうみょうりょうせい》追善」のための料所として京都八坂の法観寺《ほうかんじ》に周防国《すおうのくに》高尾郷《たかおごう》（山口県光市）を寄進しているが（「法観寺文書」）、湯之上氏は十月十四日に他界した息女が了清であるとされる（同前書）。おそらく登子の生んだ娘と思われ、康永二年の生まれとなる。また「園太暦」貞和二年七月七日条によると、「将軍女子卒去事」として三歳の女子が死去したという。彼女は康永三年生まれとなり、尊氏の最後の子であろうか。

英仲法俊

さてここでもう一人尊氏の子と伝えられる禅僧を紹介しよう。丹波国《たんばのくに》氷上郡《ひかみぐん》（兵庫県氷上町）の円通寺《えんつうじ》の開山英仲法俊《ほうしゅん》である。「日本洞上聯燈録《どうじょうれんとうろく》」（四）によると、母が園城寺《おんじょうじ》観音《かんのん》に祈り暦応三年（一三四〇）五月二十一日に生まれた尊氏の末の子という。暦応三年は尊氏の正室登子が基氏を生んだ年である。従って英仲の母は登子ではない。英仲の母は彼が七歳の時に死んだという。

「続扶桑禅林僧宝伝《ぞくふそうぜんりんそうぼうでん》」(三)には英仲は尊氏の第四子とみえる。英仲は幼い頃より仏書を好み、尊氏も彼の志しをみて夢窓疎石《むそうそせき》の童子となし、禅宗の道に入った。そして永徳《えいとく》二年(一三八二)足利義満が創建した円通寺の開山となり、応永二十三年(一四一六)二月二十六日七十七歳で没したという(「日本洞上聯燈録」等。なお英仲関係の史料は山家浩樹氏に御教示頂いた)。

以上史料に登場する尊氏の子供をまとめて列記してみると、

尊氏		
	竹若	元弘三年五月没
	直冬	没年は諸説ある
	義詮	貞治六年十二月七日没
	女子	康永元年十月二日没
	聖王	康永四年八月一日没
	基氏	貞治六年四月二十六日没
	英仲	応永二十三年二月二十六日没
	女子	文和二年十一月九日没
	女子	貞和三年十月十四日没
	女子	貞和二年七月七日没

となるが、長幼など確証が得られていない部分が多い。これらの子供のうち七人は尊氏の正室登子が

生んだ子供と推測され、他は加子六郎基氏の娘・越前局等が生んだ子である。加子氏は足利氏流の武士である。越前局も含めて身近な家臣の女性たちであったのかもしれない。なお二階堂《にかいどう》氏の系図に、時綱《ときつな》の娘の注記として「尊氏妻」がみえるが（太田亮氏『姓氏家系大辞典』）、詳細は不明である。

2　鎌倉府の主から将軍へ

中先代の乱　正室登子の長男ということで嫡子とされた義詮は、元弘の変で人質として鎌倉に残されたが、元弘三年五月の北条氏討伐の立役者の一人となった。もう一人の立役者新田義貞が間もなく上洛したため、鎌倉は足利氏の手中に帰した。この時敗れた北条高時《ほうじょうたかとき》の遺児時行《ときゆき》らが、建武二年（一三三五）七月挙兵して鎌倉を攻撃した（中先代の乱）。この時鎌倉には建武政府の統治者として足利直義に擁せられた成良親王《なりよししんのう》がいた。時行らに攻められた成良・直義・義詮らは西へ逃れた。三河国《みかわのくに》矢作《やはぎ》（愛知県岡崎市）で直義は擁していた成良親王を京都に返し、北条氏討伐のため関東に下る尊氏軍と合流して共々東下し、鎌倉は足利氏が取り戻した。東下した尊氏はここ鎌倉で後醍醐天皇に背《そむ》いた。尊氏討伐のため関東に攻め下った新田軍を箱根・竹ノ下の戦いで破った尊氏・直義は、彼らを追って上洛した。今回も義詮が鎌倉に留まった。

翌建武三年六月光厳上皇《こうごんじょうこう》を奉じて入京した尊氏と後醍醐天皇との間に講和が成り、後醍醐天皇か

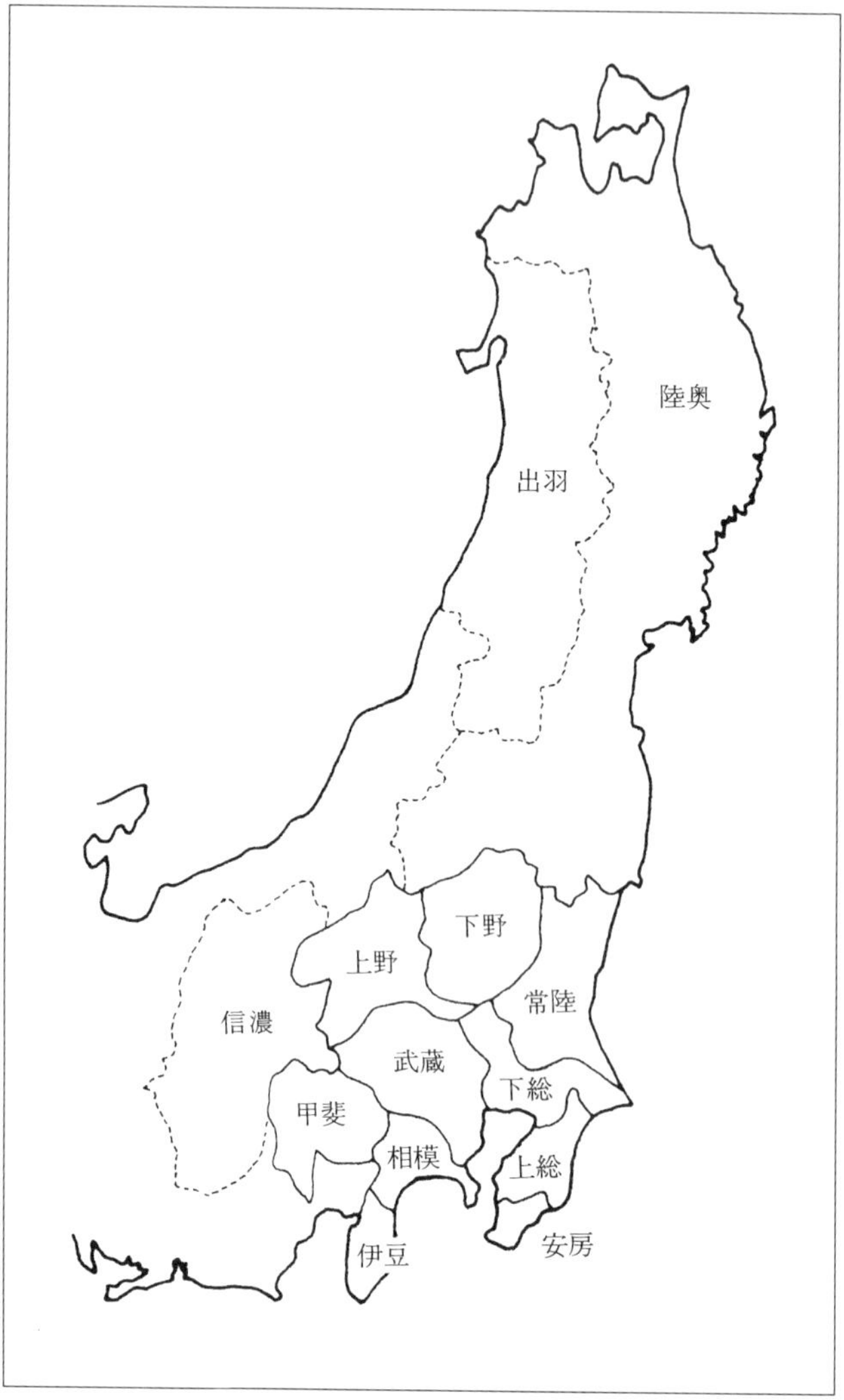

図1 関東分国図

ら光明《こうみょう》天皇への神器の授受が行われ一時の安定をみたが、十二月二十一日後醍醐天皇が吉野《よしの》（奈良県吉野郡）に走って足利方と対立したことにより、以後半世紀に及ぶ南北朝動乱の時代が始まった。

鎌倉府の成立　足利氏の幕府は京都に開かれた。建武三年十一月七日に制定された「建武式目《しきもく》」においてそれは示唆されており、これまでの武家政権の本拠地鎌倉及び関東の支配に関する尊氏の構想は、嫡子義詮を主に、一族の斯波《しば》氏・細川《ほそかわ》氏、有力被官の上杉《うえすぎ》氏・高《こう》氏がまわりをかためた足利氏の政庁を置くことであった。これが鎌倉府と呼称される幕府の地方機関である。

鎌倉に居た義詮の主な任務は、軍事指揮者としてのものであったとみられる。主要な政務上の決定権は京都の尊氏・直義が握っていた。建武五年頃鎌倉府の管轄国（「関東分国《ぶんごく》」と呼ばれ時期により多少の変化はあるが、南北朝期の基本的な関東分国は関東八ヵ国と伊豆・甲斐《かい》を含む十ヵ国である。陸奥・出羽両国併管は八九頁参照。拙著『乱世の鎌倉』）も決められ、続く暦応期には幕府から出される施行状《しぎょうじょう》は、一旦鎌倉府に充てて発せられ、それを受けた鎌倉府が関東の当該国守護に対して伝達するという手続きを確認することができる。この施行権の鎌倉府への委譲は、幕府が鎌倉府を、関東諸国の守護の上に立つ正式な地方機関として位置づけたことを意味し、以後鎌倉府の主と関東武士との間に主従関係が生じる端緒ともなった。

関東公方　鎌倉府の主を本書では関東公方と呼称する（初期には「関東管領《かんれい》」とも記され、また鎌倉公方・鎌倉御所等と称される場合もあるが、関東公方で統一した）。義詮は初代の公方であり、康永元年（一三四二）十二月一日鎌倉で元服し「鎌倉殿」と呼ばれた（「生田本《いくたぼん》鎌倉大日記」（生田美喜蔵氏所蔵の鎌倉大日記）)。彼は貞和五年（一三四九）に上洛し、延文《えんぶん》三年（一三五八）父尊氏の死により将軍となったため、一般には二代将軍と称され、初代関東公方とは呼ばれない。義詮のあと公方となった弟基氏が初代関東公方とされている。鎌倉府における義詮の補佐役（当初は執事《しつじ》と呼ばれたと思われるが、のち関東管領と呼ばれるので、後者で統一して記述する）のうち、のちのち関東で重きをなし、公方である足利氏歴代と深く関わるのは上杉氏である。義詮の時代と次の基氏の時代に公方を補佐した上杉氏は憲顕《のりあき》であった。

上洛して将軍となる　京都での尊氏と直義との対立に際して、貞和五年十月義詮は鎌倉を立って上洛した。義詮にとっては初めての京都であった。尊氏は二十歳になっていた義詮に、直義に替わって政務を執らせた。翌観応元年（一三五〇）八月義詮は参議《さんぎ》・左近中将《さこんちゆうじよう》に任じられた。位階は従四位下であった。そして観応の擾乱《じようらん》に際し、同二年秋尊氏は京都を義詮に任せて対立する直義を追って関東に下り、直義の死後も鎌倉に留まり、文和二年（一三五三）に上洛した。この間一旦の和平（正平一統《しようへいいつとう》）もあったが、南朝との戦いが続いた。

父尊氏の死は延文三年（一三五八）四月三十日である。三月十五日の「癰瘡《ようそう》」（悪性の腫れ物）が原因であろう（「公卿補任《くぎようぶにん》」)。この年の八月二十二日義詮に男子が誕生した。生母は石清水《いわしみず》八幡宮社務通清法印《つうせいほういん》の娘紀良子《きのよしこ》であり、彼女は前年五月七日にも男子をもうけており（「園太暦」は彼の母は「侍女」

であると記し、『尊卑分脈』は「家女房」と記す）、連年の男子誕生に近衛《このえ》道嗣《みちつぐ》は使者を遣わして賀意を表した（『愚管記《ぐかんき》』）。ところで『賢俊僧正日記』の文和四年（一三五五）七月二十二日条（裏書）に「若御前他界」とみえ、翌日勅使が武家を訪れている。この若御前は観応二年（一三五一）八月二十七日に生まれた「鎌倉宰相中将重誕男子」（『玉英記抄《ぎょくえいきしょう》』）であろうか。とすると義詮の子で享年五歳となり、母は不明であるが正室渋川幸子《しぶかわさちこ》（義季《よしすえ》の娘）であろうか。それはともかく延文三年生まれの男子がのちの三代将軍義満《よしみつ》と諸書はしているので、義満は義詮の長男ではなかったことになる。父尊氏の死後延文三年十二月十八日征夷大将軍《せいいたいしょうぐん》に任じられた義詮の単独統治は九年に及び、彼の死は、鎌倉にいた弟基氏の死と同年の貞治《じょうじ》六年（一三六七）十二月七日、三十八歳であった。死去当時前権大納言、正二位であったが、同月三十日左大臣《さだいじん》、従一位《じゅいちい》を贈られた。法名は道権《どうけん》（『臥雲日件録抜尤《がうんにっけんろくばつゆう》』康正二年八月十九日条には「道懽」とみえる）、宝篋院殿《ほうきょういんどの》と称される。

第一章　足利基氏

1　十歳で鎌倉へ下向

誕生　基氏が生まれたのは暦応三年（一三四〇）である。『園太暦』には貞和五年（一三四九）に九歳と記されており（同年七月九日条、一七頁参照）、逆算すると暦応四年の生まれとなるが、貞治六年（一三六七）の基氏の死を鎌倉で見守った禅僧義堂周信《ぎどうしゅうしん》は、霊前での偈《げ》（仏教の詩歌）の中で「四七春秋」つまり二十八歳で亡くなったと述べており、暦応三年生まれとなる。諸書・系図もこれに同じである。父尊氏三十六歳、母登子三十五歳の時である。月日に関しては明らかでない。前述のように同年五月二十一日生まれの英仲が尊氏の末息とすれば、基氏はそれ以前の生まれとなる。当時は十一歳の同母兄義詮が鎌倉におり、京都には二歳の同母兄聖王がおり、登子三番目の男子として生まれた基氏は、幼名を光王（亀若とも）という。康永四年（一三四五）八月一日に一歳年上の聖王が七歳で他界し、尊氏の正室を母とする在京の男子は基氏のみとなった。

直義の猶子となる　足利系図の中には、基氏が叔父直義の「猶子」となったと記すものが多い。尊氏の子直冬が直義の「養子」と系図に記されているのとは実態は異なるであろうが、直義と基氏が仮に結ばれた親子関係にあったことを示している。何時そして何故基氏は直義の猶子とされたのであろうか。

序章で康永三年に直義の子息が学問始・着袴等を行ったことに触れたが、この直義子息は実は将軍尊氏の子息であるとの注記がなされていた。この子息が前述のように当時五歳の基氏とみられ、それ以前に彼は直義の子とされていたことになる。尊氏は手元にいる二人の男子（康永三年以前は聖王も健在）のうち年下の基氏を生後二、三年で直義に預けた可能性が考えられる。直義には貞和三年（一三四七）に至るまで男子がいなかったようである。その年の六月八日男子を出産した直義夫人（「尊卑分脈」によると渋川貞頼《さだより》の娘で同義季の妹）は、四十二歳（「園太暦」同年二月九日条によると四十一歳）で初産であったという（「師守記」。なお「園太暦」はこの男子が観応二年（一三五一）二月二十五日に五歳で夭折したと記す。また「観応二年日次記《ひなみき》」は二十六日とする）。基氏が生まれた暦応二年当時は直義・同夫人共に三十五歳であり、子供が得られない可能性も考えられた故の処置であったとも推測できようか。尊氏には二頭政治体制を直義との強い協力関係によって維持したいという思いがあったと考えられる。もともと尊氏・直義兄弟の仲は非常に良いものであった。それは建武三年八月十七日尊氏が自ら認め京都の清水寺に奉納した願文からも窺える（「清水寺文書」）。

この世ハ夢のことくに候《そうろう》、尊氏にたう《(道)》心たハせ給候て後生たすけさせをハしまし候へく候、猶々
とくとんせい《(遁世)》したく候、たう心たハせ給候へく候、今生のくわほう《(果報)》にかへて、後生たすけさせ給
候へく候、今生のくわほうをハ直義にたハせ給候て、直義あんをん《(安穏)》にまもらせ給候へく候、

光明天皇の践祚を無事にすませた二日後に書かれたこの願文で、尊氏自身は道心を得て隠遁し、現世の幸福は直義に与え給えと祈ったほどの仲であった。この尊氏の心情の反映として、支配権の一半を直義に与える形でいわゆる二頭政治が開始されることになった。なお渡辺世祐氏は、右の願文のような情誼が終始尊氏にあったのなら直義を死に至らしめることはないとの考えから、これは尊氏の本意ではないという見解を示している（『関東中心足利時代之研究』）。

翻って基氏側からみれば、彼が幼少より直義の手元で育てられた故に、後の行動は直義を人間的に慕う形で現れるとみることができる。基氏にとっては、直義は父そのものであったのかもしれない。

一方直冬が直義の養子とされたのは、直冬の母の出自の低さが関係していると考えられ、生後間もなく直義が引き取ったとみられる。直冬が義詮より年長とすれば、義詮が十三歳で元服した康永元年前後には、直義を烏帽子親に直冬も元服していたと思われる。直冬が直義の養子とされたのと、基氏が直義の猶子とされたのとは、おなじ直義に養育されたとしても、そのようになった経緯は全く異なっていたとみられよう。

鎌倉へ下る　貞和五年（一三四九）基氏は鎌倉に下向して鎌倉府の主となり、その地で没すること

になるが、基氏の関東下向の理由と時期を考える具体的史料は「園太暦」七月九日の左の記述である。

後聞く、今夜深更将軍の末息九歳《（ママ）》小童、関東管領左馬頭《さまのかみ》義詮朝臣上洛の替えとして下向す、其勢百騎に及ばずと云々、首服《しゅふく》を加えず下向、如何、（原漢文）

当時鎌倉にいた義詮が上洛するため、その替わりとして弟基氏が下向したという。では義詮上洛の必要性は何であったか。

幕府成立初期より何かと対立傾向にあった足利直義と高師直《もろなお》（尊氏の執事）との不和が表面化したのは、この年閏六月であった。尊氏は同月七日直義の三条坊門邸を訪ねているが（「園太暦」）、この時に合意したのか、十五日に至って尊氏は師直の執事職を罷免した（「建武三年以来記」）。直義の先制攻撃は成功したかにみえたが、師直のあと執事となったのは師直の甥師世《もろよ》であった（同前）。そして師直の巻き返しは、八月十三日のクーデターである。身の危険を感じた直義が尊氏邸に逃げ込んだため、師直は尊氏邸を包囲して、直義側近の身柄引き渡し等を迫った。この時成立した和解の内容は、直義側近は師直には引き渡さず流罪にする、直義は幕政統轄者の地位を義詮に譲る（但し義詮を助けて政務をみる）、師直は再び執事に返り咲くというものであった（「園太暦」）。この和解について佐藤進一氏は、直義の後任に嫡子義詮を据えるという最大の収穫を尊氏が得たことに注目しておられる（『南北朝の動乱』）。この事件は尊氏と師直が仕組んだ芝居だという当時の噂（「園太暦」八月十四日条）は、たぶん真実だろうとも述べておられる。鎌倉に置いている義詮を自分の手元に引き戻す機会を、尊氏は考えていたのである。八月三十日には三宝院賢俊が不動法を修して義詮入京の無為を祈った（「五八代記」）。その義詮が父尊氏の上洛命令によって鎌倉を進発したのは十月三日であり（「鶴岡社務記録」「師守記」）、二十二日に入京し、三日後には直義邸を訪ねている（「師守記」）。直義が義詮を補佐するという取り決めがあったので、その挨拶であろうか。しかし間もなく直義は政務を義詮に譲り、十二月には出家している。

さて義詮の鎌倉出立は複数の史料によって十月三日と分かり、上洛の理由は八月に表立って明らかにされた和解の条件にあるが、前述のように「園太暦」は七月九日の出来事としている。一方「武家年代記」は基氏の京都出立を九月九日と記している（なお「八坂神社文書」中の祇園社文書目録には、基氏の関東下向は同年九月八日とみえる）。九月九日ならば師直のクーデターそして和解が成った後である。尊氏は直義と師直との和解の条件に、直義から義詮への政務移譲を思いつき、公に発表しての ち直義が養育した基氏を義詮の替わりとして下向させることを直義に求めたと推測される。政務を義詮に移譲することが決まっての直義は、義詮を補佐するとは言え、かなり弱い立場になったと言えよう。基氏を手放すことは更に痛手であったかもしれない。但しこの時期まで基氏が直義の元に居たか否かは詳らかでない。「祇園《ぎおん》執行《しぎょう》日記」によれば、翌年四月十六日義詮が基氏の旧居に移ったとみられるので、基氏は独立していたのかもしれない。時間的余裕がなくて元服をさせずに基氏を下したのか。百騎にも及ばぬ軍勢しか付けなかった理由は那辺にあるのか。少なくとも尊氏が鎌倉へ下る基氏を重要視していなかったことは推測できる。

九月九日に基氏が京都を出立したとすれば、月末には鎌倉に到着したであろう。そして間を置かず十月三日に義詮が鎌倉を出立したという順序になろう。『大日本史料』（六編三十二）が指摘するように、「後聞」の記事を誤って七月に掲げてしまったことになる。今川貞世《いまがわさだよ》（了俊《りょうしゅん》）の「難太平記」は記す。「坂東八ケ国をバ光王御料基氏に譲申されて、御子々孫々坊門殿の御代々の守たれと、くれぐれ申しをかせ給ひし也」と。坊門殿は義詮であり、京都を守る役目として「かまくら殿」を置いたという。室町時代には基氏は鎌倉殿の初代と認識されていた。

2　上杉憲顕との出会い

関東の上杉氏　上杉氏は公家の出身である。藤原氏勧修寺流の庶流で朝廷の侍臣であった重房《しげふさ》が、建長《けんちょう》四年（一二五二）、鎌倉幕府六代将軍となった宗尊《むねたか》親王に供奉して鎌倉に下り、丹波国何鹿郡《いかるがぐん》上杉荘（京都府綾部市）を与えられて上杉氏を称し武家となった。憲顕はその重房からは頼重《よりしげ》―憲房《のりふさ》―憲顕と続いた四代目である。この間に上杉氏は、鎌倉幕府で重きをなしていた足利氏と姻戚関係を結んだ。尊氏・直義兄弟の母は、上杉頼重の娘清子《きよこ》である。憲顕の父憲房は鎌倉末期から建武新政期にかけて、尊氏に従って忠節をつくした。尊氏の元弘三年（一三三三）の反幕行為は憲房の勧めによるものであったと「難太平記」には記されている。鎌倉幕府が倒れ、後醍醐天皇が入京して建武の新政が開始されて間もなくの元弘三年十二月二十九日、憲房は尊氏から勲功賞として伊豆国奈古谷郷《なごやごう》地頭職《じとうしき》を与えられた（「上杉家文書」）。奈古谷郷（静岡県韮山町）は北条氏の所領であったが、幕府滅亡後直義に与えられていた（「比志島文書」）。この伊豆の地が、東国における上杉氏の発展の基盤となった。尊氏に信頼された憲房は、尊氏が建武政権に背いた後、後醍醐天皇方新田氏の本拠地上野国《こうずけのくに》の守護に任じられ、足利氏の東国経営の一端を担った。

室町幕府開創当初は、尊氏と直義による二頭政治が行われた。尊氏が武家の棟梁として主従制的支配権を握り、直義が政務上の統治を執り行った。前にも触れたが、尊氏の執事高師直と直義とは性格の相違、考え方の相違などから、次第に対立色を深めていった。

上杉憲顕は直義と同年の生まれである。建武政府の東国経営の一環として、直義は後醍醐天皇の子成良親王を奉じて鎌倉に下った。鎌倉には幕府を倒した立役者として義詮がいた。この時成良親王の御所に仕えた「関東廂番《ひさしばん》」の一人として憲顕も名を連ねていた（「建武記」）。建武二年（一三三五）七月北条高時の遺児時行らが挙兵し、一時鎌倉を占拠する事件が起こった（中先代の乱）。直義・義詮は成良親王を奉じて鎌倉を脱出し、三河国矢作で、時行討伐のため東下してきた尊氏軍と合流し、再び鎌倉を目指し、八月十九日ついに鎌倉を奪回した。ここで尊氏は、直義の勧めもあり、若宮小路の旧鎌倉将軍邸跡に新邸を造り、上洛を促す勅命に背いた。尊氏討伐のため東下した新田軍と箱根・竹ノ下での戦いに勝利した尊氏・直義は、鎌倉を義詮にまかせて上洛し、後醍醐天皇方との攻防の末京都に入り、建武三年十一月七日「建武式目」を制定し、京都に幕府が開かれることに決まった。

直義と憲顕　鎌倉に残った義詮を補佐したのが上杉憲顕・高師冬《もろふゆ》であった。二人はそれぞれ直義・師直の代弁者であった。対立する二派のバランスをとるための処置と考えられる。憲顕は建武新政期から直義の側におり、両者の信頼関係が生じたと思われる。建武三年正月の父憲房の死後上野守護となった憲顕に対して、翌年五月十九日直義は次のような手紙を送っている（「上杉家文書」）。

御下向の後、国中静謐目出候、諸国の守護の非法のミ聞候ニ、当国の沙汰法の如く殊勝の由諸人申合候の間、感悦極りなく候、御親父の忠節他に異なり諸事を中沙汰候しに、去年止月討死の後ハ万事力をゝとし候て、悲歎極りなく候の処、此の如く国のさた殊勝ニ承リ候の間、御親父のいき帰られて候と悦び入り候、父子の御忠功誰かあらそふへく候や（以下省略、一部原漢文）

守護の非法が目立つ中、法を守って上野国を治めている憲顕を直義が高く評価し深く信頼していることが窺える。直義と憲顕は政治姿勢が似ていたと考えられ、これを基氏も学び、やがて基氏が直義・憲顕を心から信頼する関係が生じることになる。

基氏が憲顕と出会うのは、おそらく基氏の鎌倉下向後であろう。憲顕は溯る暦応元年（一三三八）十二月十九日直義より上洛命令を受けているが（「上杉家文書」）、この時上洛したとしても、基氏が生まれた暦応三年には憲顕は義詮の補佐役として関東にいたと思われる。「喜連川判鑑《きつれがわはんかがみ》」等は、貞和五

図2　足利公方邸跡(神奈川県鎌倉市)

年十月関東の主となった基氏が、憲顕と師冬を執事としたと記している。義詮の時代の両執事の状態を引き継いだわけである。京都ではこの年九月直義が左兵衛督《さひょうえのかみ》を辞し、十二月八日にはついに出家した。

3　元服と判始

公方館　元服式を行わないまま十歳で鎌倉に下った基氏は、童形のまま周囲の人達に支えられて鎌倉での生活を始めた。居館は鎌倉時代以来の足利氏の屋敷であった大蔵《おおくら》の御所、つまり鎌倉五山の一つである浄妙寺《じょうみょうじ》東隣り、朝比奈峠へ向かう道路際にいま「足利公方邸旧蹟」の石碑が立っている場所と考えられる。下向の翌年観応元年三月には病にかかり、鶴岡社僧が殿中に赴き不動護摩《ふどうごま》を修したり、また御湯加持《おゆかじ》も行われた（「鶴岡社務記録」）。三月二十四日伊豆国三嶋社に怪異を祓う祈禱を命じた「散位《さんい》」奉書は、「貞和六年」と記されており、観応への改元が二月二十七日なので、京都で書かれた文書ではなく鎌倉府関係のものであろうが、「散位」の人名比定はできない（「三嶋大社文書」）。四月には基氏の安穏泰平祈禱のため下総国《しもうさのくに》香取社《かとりしゃ》に神馬等が送られた（「賜蘆《しゅろ》文庫文書三十三香取文書」）。八月十日基氏は鶴岡社僧に天下静謐を祈らせ鎌倉府の主として行動を開始した（「鶴岡社務記録」）。

元服以前の判始　観応二年正月五日、基氏は十二歳で元服以前に文書に花押を据えたとされる。武家の慣習では判始《はんはじめ》（初めて花押を据える儀式）は十五歳であり、元服はそれ以前に行われる。元服以前の基氏花押の存在を伝える「生田本鎌倉大日記」をみよう。

世谷原において、御旗を揚げらるるにより、御元服以前御判を成さる、正・五・所見有り、（原漢文）

とあり、観応二年の項に記されている（なおほぼ同文を「喜連川判鑑」は前年の観応元年に掲げている）。世谷原の挙兵が具体的に何を指すのか明らかでないが、観応元年十二月京都の直義に呼応して上野国で兵を挙げた憲顕の留守を狙って、憲顕討伐と称して基氏を擁し鎌倉を発した師冬のクーデターに関係があるかもしれない。右に正月五日に基氏花押の所見があるとされるが、その日付の文書は管見にない。が推測するに、観応元年十二月二十八日の善波《ぜんば》有胤《ありたね》着到状《ちゃくとうじょう》写（「相州文書所収大住郡佐藤中務家文書」）の証判が、写しではあるが基氏の花押と認められる。有胤の着到を承認したこの証判を据えたのが正月五日だったかもしれない。または同家所蔵の観応二年正月二十五日の感状の御教書《みぎょうしょ》写の差出者花押が基氏のものであるので、日付の「廿五日」を誤って五日としてしまったのか、いま答えを出すことはできない。何れにしろ右の二通の文書が基氏花押の古いものである。なお『大日本史料』が観応元年十二月十五日付の書下案《かきくだしあん》（「三嶋大社文書」）の差出「在判《ありはん》」（花押があったことを示す）を基氏にあてているが、石堂義房《いしどうよしふさ》の可能性が高い（佐藤進一氏『室町幕府守護制度の研究』上・『静岡県史』資料編中世二）。

そこで仮に観応二年正月五日を基氏の判始とすると、前年十二月二十九日上野国から駆けつけた憲顕らに守られて鎌倉に戻った基氏が、年が明けて間もなく、甲斐国へ没落した師冬を闕いて一人管領となった憲顕の判断のもと判始を行ったとみられよう。当時としては元服以前の判始は異例であった。しかも十二歳というのは、当時の十五歳判始の慣例からもはずれている。公的には効力がないとされる十五歳以前の判始（百瀬今朝雄氏「「十五歳已前之輩」と花押」『弘安書札礼の研究』）を敢えて実行したのは、師冬が起こしたクーデターを勝利で終結させた憲顕が、関東諸士に対する着到証判や感状に基氏の花押が必要であると判断しての処置であったのか。事実この争乱に関わる証判や感状のみに花押は使用され、公方としての公式の寄進状は憲顕奉書で出されている（観応二年九月二十一日、「長楽寺文書」）。この寄進は、この年九月一日基氏自身上野国世良田《せらだ》（群馬県尾島町）に下向した時に世良田長楽寺《ちょうらくじ》に寄進したものであり、更に九月二十三日には下野国鑁阿寺《ばんなじ》（栃木県足利市）に、十月一日には同国樺崎八幡宮（同前）にも寄進している（「鑁阿寺文書」「鶴岡社務記録」）。但し十月　日の文書様式は不明）。

さてこの争乱の後、上杉憲顕の子で重能《しげよし》の養子となっていた能憲《よしのり》らは上洛の途についた。上杉氏上洛の報を聞いた直義は、二月三日付けで憲顕に書状を送り、「今度合戦の忠、他に異なると承り候、感悦極りなく候、上洛有るべきの由の事、おとろき入り候、今より後いよいよ大事にて候に、左右なく御上り候は、ひころの忠もいたつら事候へく候」（一部原漢文、「上杉家文書」）と、憲顕自身の上洛を戒め、鎌倉を守るべきことを説いた。二月中旬上洛した能憲らは、二月二十六日摂津国《せっつのくに》で高師直らを討った。去るころ能憲は師直によって養父重能を殺されていた。その後「三月より同七月マデ三条殿御管領」（一部原漢文）と「生田本鎌倉大日記」に記される通り、直義が政界に返り咲いた。三月十三日付の直義御教書で、軍忠者に対する恩賞は「関東分国内闕所《けっしょ》」を以て行うよう憲顕に命じている（「上杉家文書」）。

直義鎌倉へ下る　この直義が身の危険を察知して京都を出奔したのは七月三十日夜中であった（「観応二年日次記」）。北陸経由で鎌倉に到着したのは十一月十五日で、鎌倉府の基氏・憲顕を頼みにしての下向であった。これに対し尊氏は、後顧の憂いをなくすため急遽《きゅうきょ》南朝と講和を結び（正平一統）、十一月四日京を発ち、東海道を東下した。この時期幕府では南朝年号「正平」を使用したが、直義を迎えた鎌倉府は直義とともども「観応」を使い続け、尊氏と対抗する意思を示した。

尊氏の関東下向　十一月二十九日尊氏は駿河国薩埵山（静岡県清水市）に陣を布いた。この時の様子を「太平記」（巻三十）は次のように記している。遠江以東の東国や北国の武士は、多く直義方に属していたため、尊氏軍は一気に鎌倉へ攻め下ることを見合わせ、要害の地薩埵山に登り布陣した。従っているのは仁木《にき》頼章《よりあき》・義長《よしなが》兄弟、畠山国清《はたけやまくにきよ》兄弟四人、今川範国《のりくに》・貞世父子ら総勢三千余騎であった。直義も薩埵山を目指して鎌倉を発ち、大手の大将は二十万余騎を率いた上杉憲顕、搦め手の大将は十万余騎を率いた石堂義房・頼房《よりふさ》父子で、総大将直義は数十万余騎を従えて伊豆国府（三島市）に着いた。「太平記」に記されるこれら軍勢の数は、必ずしも実態を示すものではないが、数の対比として参考になろう。直義軍は薩埵山を取り巻いたまま時を過ごしていたが、十二月二十七日に至り、尊氏方の宇都宮《うつのみや》軍が三万余騎を率いて足柄山を越えて竹ノ下（静岡県小山町）に到着、同じく関東の小山《おやま》軍も応援に駆けつけ、その夥しい篝火《かがりび》を見て、直義軍は四方八方へ逃げ散ってしまった。直義自身は三島から北条《ほうじょう》（同県韮山町）へ、更に伊豆山（同県熱海市）へと落ち、ついに尊氏方に降り、翌年正月五日尊氏と共に鎌倉にもどった（「鶴岡社務記録」「生田本鎌倉大日記」）。憲顕は信濃国《しなののくに》（長野県）方面に落ちたという。この頃基氏は実父尊氏と叔父直義との不和を歎き、和睦の儀を調えようとしたが許されず、鎌倉を去って安房国《あわのくに》（千葉県）に「忍居」したが、尊氏からの使者を得て鎌倉に還ったというエピソードを「喜連川判鑑」が伝えている。

基氏の元服と直義の死　鎌倉で尊氏の監視下に置かれた直義は、高師直の一周忌にあたる観応三年二月二十六日に死んだ。当時から毒殺説がささやかれた。「太平記」（巻三十）は記す。「俄《にわか》ニ黄疸《おうだん》ト云病ニ犯され、はかなく成セ給ケリト外ニハ披露アリケレ共、実《まこと》ニハ鴆毒《ちんどく》ノ故ニ逝去シ給ケルトゾササヤキケル」（一部原漢文）と。鴆という鳥の羽にある猛毒で、酒に浸して用いるという。この鴆毒による毒殺と噂されたのである。

いま直義の没日を「鶴岡社務記録」に従って二月二十六日と書いた。同書は「廿六日高倉殿入滅、高武州滅亡之月日云々」と記し、当時直義（高倉殿）と師直（高武州）の没日が同じであったという認識を伝えている。一方「生田本鎌倉大日記」の文和元年（観応三）の項には左のように記されている。

二・廿五・錦小路殿法名恵源《ゑげん》、大休寺《だいきゅうじ》において逝去、四十六才、（原漢文）

二・廿五・基氏御元服、彼御逝去ハ以後と云々、（一部原漢文）

三・十三・御沙汰始、

つまり基氏の元服は直義（錦小路殿）の死と同じ二十五日であり、かつ直義は基氏の元服後に死去したという。さらに彰考館《しょうこうかん》本の「鎌倉大日記」をみると、文和元年の項に「基氏」と記し（三年前の関東下向の時は「若公」と記す）、「二月廿五日元服　三月十三日御沙汰始　直義逝去以後」との説明がある。「直義逝去以後」というのが気になる。御沙汰始の説明とすると、三月十三日は直義死去からすでに五十日近くたっており（閏二月が含まれる）、特に説明の必要がないと考えると、基氏の元服の説明であろう。とすると彰考館本は生田本と全く逆で、直義の死後に元服が行われたことになり、直義の死も二十五日となる。凶事と吉事とが同日で、それも凶事のあとに吉事を執り行うのは、穢れの点から頷けない。前々から元服の日取りが決まっており、その直前にたまたま直義が死去してしまったというのなら、尊氏による謀殺の可能性は低くなるのではないか。尊氏による毒殺とすれば、基氏の元服の後でかつ自らの執事であった師直の一周忌の日時がふさわしかろう。「源威集《げんいしゅう》」は元服を二十五日、直義の死をその翌朝と記す。従ってこの彰考館本の注記は、生田本の記述を誤写したものか。

そもそも日付が変わることに関する認識は古くはどうであったのか。一例をみよう。これは寛和《かんな》二年（九八六）の花山天皇の出家を伝える史料である。

「日本紀略」　六月二十三日今暁丑刻許《うしのこくばかり》

「扶桑略記」　六月二十二日夜半

丑刻は今の午前一時から三時にあたる。この時刻を前日の夜とみるか、当日の朝とみるかによって日付が一日違ってくる。右の二書は編年体で編纂された歴史書であり、「扶桑略記」の成立は寛治《かんじ》八年（一〇九四）以降の堀河《ほりかわ》天皇の代に僧皇円《こうえん》によって書かれたとされる。「日本紀略」の成立時期は不詳であるが、鎌倉後期成立とみられる「本朝書籍目録」にはみえている。要するに一日違いの日付はあまり気にしなくてもよいかもしれない。二十五日の基氏の元服式（一般的には夜に行われたと思われる）を見届けた後、真夜中過ぎ頃に直義は死んだのであろう。鶴岡の僧は直義の死を二十六日に知り、その日が師直の一周忌にあたると記録に留めたのであろう。直義は基氏の元服を見届けて覚悟の死を遂げたのかもしれない。

基氏の元服式は実父尊氏のもとで執り行われた。基氏の名乗りは、尊氏の一字「氏」をとったと考えられる。「尊」の文字は、彼が去るころ後醍醐天皇から「尊治」の一字を拝領した文字故に与えられず、先祖ゆかりの「氏」を基氏に授けたとみられる。この基氏という名前に関して「難太平記」を著した今川了俊は、その名が祖父と同じ名乗りであることに触れ、今川氏としては「幸の有事とかや」と申し合ったと記す。今川基氏の存在が尊氏の念頭にあったか否か知るよしもないが、この時光王は十三歳で基氏になったのである。この年の八月二十九日左馬頭に任じられ、従五位下に叙せられた。基氏は将軍の三男であるので、当時「鎌倉三郎」と呼ばれたという（「園太暦」同年八月三十日条）。基氏が尊氏の正室登子との間に生まれた三番目の男子であったことは前に記した。

4　尊氏と基氏

尊氏軍と新田軍の戦い　前年に成立していた正平一統（幕府＝北朝と南朝との和平）が、この年観応三年閏二月に破れ、南朝から関東の新田一族に対して足利追討の命が出され、閏二月十五日新田義貞の遺子義興《よしおき》・義宗《よしむね》らが上野国で義兵を挙げた（「園太暦」正平七年三月四日条）。これに対抗するため尊氏は同月十七日武蔵国《むさしのくに》に発向（「鶴岡社務記録」）、金井原《かないはら》（埼玉県所沢市）の合戦を皮切りに、足利軍と新田軍の攻防が繰り広げられた。合戦の様子は「太平記」（巻三十一）に生々しく語られているが、他の史料も合わせて要約すると、三浦《みうら》氏らと合流した新田軍は鎌倉に乱入し、三千余騎で鎌倉を守る基氏軍に迫った。当時十三歳の基氏は新田軍の攻撃を受け、家臣に奉じられて尊氏の居る武蔵国石浜《いしはま》（東京都台東区）さして落ちた。新田軍はこの石浜での合戦に敗れ、義宗は笛吹峠《ふえふきとうげ》（埼玉県嵐山町・鳩山町）に陣を布いた。この新田軍に上杉憲顕が参陣していた。去るころ薩埵山の合戦で負けた彼は信濃国に落ちて行ったとされるが、その憲顕が反足利方として参戦したのである。憲顕にしてみれば、強い信頼関係にあった直義が、尊氏によって滅ぼされたことに遺恨を抱いていたであろう。二十八日尊氏軍は笛吹峠へ押し寄せ、新田軍を打ち破った。この時憲顕軍の中の二人長尾弾正《ながおだんじょう》・根津《ねず》小次郎が尊氏軍に紛れ入り、尊氏を狙い撃とうとしたが見破られ、「運強キ足利殿ヤ」と言い捨てて逃げ帰ったと「太平記」は記している。義宗は越後国《えちごのくに》（新潟県）に逃れ、憲顕は再び信濃国へ落ちたという。

正平一統破れる　さて基氏を追い出して鎌倉を占拠していた義興らは、笛吹峠で勝利した尊氏軍が、関東八ヵ国の軍勢を率いて鎌倉に向かっていると聞いてあわてふためき、再度の挙兵をきして三月二日鎌倉を脱出した。三月十二日に至り尊氏らは鎌倉に戻った（「鶴岡社務記録」）。

ところで「生田本鎌倉大日記」には観応三年（文和元年）の項に、「三月以降は正平を捨て、元の如く観応三と云々」（原漢文。同内容を彰考館本「鎌倉大日記」は文和二年条に記すが誤りであろう）とみえている。閏二月の段階で右にみたように南朝との合戦をしているので、尊氏自身正平一統は破れたと考えていたはずである。ところが「円覚寺文書」の中に「正平七年三月十日」の日付をもつ尊氏袖《そで》判《はん》の禁制《きんぜい》がある。そしてその翌日「足利尊氏御判物《ごはんもつ》」と注記のある「観応三年三月十一日」の充《あて》行《おこない》状《じょう》写が「水月明鑑」にあり、『大日本史料』はこれを尊氏観応使用の初見とする。この頃尊氏は鎌倉に帰還している。翌十二日には観応を用いた御判御教書の正文《しょうもん》（原本）も存在する（「島津家文書」）。因に京都の義詮は、管見では閏二月二十三日から観応を用いている（「楠木文書」）。

この時期の年号表記についてもう一つ紹介したい。観応三年の文和への改元は九月二十七日であるが、鎌倉に居た尊氏は十一月十二日まで観応三年を使用していることである（「三宝院文書」）。なお「薩藩旧記雑録」には文和元年十月三日付で島津貞久《しまずさだひさ》・氏久《うじひさ》父子へ感状《かんじょう》を出している「御判」に尊氏の注記があるが、これは義詮かもしれない。義詮は十月六日に寄進状《きしんじょう》を「文和元年」で出している（「園城寺文書」）。ついでに付記すると『大日本史料』が観応三年十一月一日としている義詮の施行状（「美吉文書」）の「十一」は、東京大学史料編纂所の影写《えいしゃ》（底本の上に薄い紙を置き、下の文字を透かし写す）本によると書きなぞった形跡があり、もとは「六」であったかもしれない。十一月頃義詮は観応三年を用いていない。尊氏が文和を用いたのは十一月十五日以降である（「妙本寺文書」）。尊氏と共に鎌倉に居た基氏は観応三年十月十五日の寄進状を出している。これは貞治二年二月二十七日の基氏寄進状（「光明寺文書」）に引用されているものであり、実在の文書と考えられる。

この改元は正平一統の崩壊後、南朝の後村上《ごむらかみ》天皇が賀名生《あのう》（奈良県西吉野村）に移り、光厳・光明・崇光三上皇も賀名生に行き、新たに即位した北朝の後光厳《ごこうごん》天皇によるものである。約一ヵ月半も鎌倉の尊氏が新元号を使用しなかったのが、尊氏の意図的行為であったか否か詳らかでない。

尊氏大般若経を開版　さて文和二年（一三五三）七月二十九日に上洛するまで尊氏は鎌倉に滞在したのであるが（「鶴岡社務記録」）、この文和元、二年頃の尊氏と基氏の動きをまとめておこう。

観応三年九月十五日尊氏は大般若経《だいはんにゃきょう》六百巻を開版した。詳しくは基氏が翌文和二年九月二十二日同じく大般若経六百巻を開版したところで触れたい。この十日前の観応三年九月五日、尊氏は法華経を書写して元弘元年九月五日に没した父貞氏《さだうじ》の冥福を祈った（円覚寺続燈庵所蔵「妙法蓮華経」奥書）。前に紹介した建武三年の願文にもみられるように、尊氏の仏教への帰依は深いものがあり、暦応期には直義らの協力を得て、全国に安国寺《あんこくじ》・利生塔《りしょうとう》を設置している。

尊氏の基氏充書状　尊氏が左馬頭に充てた仮名交じり文の手紙が二通ある。一通は十一月二十九日付（「早稲田大学所蔵文書」）、もう一通は十二月二十五日付（「仏日庵文書」）である。そのうちの一通を紹介しよう。

しせん《(自然)》の事候ハヽ、この寺の事御ふち《(扶持)》候へく候、

金陸寺領武蔵国さくらの郷のかハりとして、こいつミの郷を先年きふのところに、吉見いらん《(違乱)》のよし、常在光院の長老申され候、さうゐ《(相違)》なきやうに御さた候へく候、あなかしく、

十二月廿五日　　　　　　尊氏（花押）

左馬頭殿

関東領国内の土地支配に関わる処置を命じている内容で、十一月二十九日も同趣旨のものである。仮名交じりの文章を使用していることから、充所の左馬頭は幼い基氏と考えられる。基氏の左馬頭任官は彼が十三歳の観応三年八月二十九日であり、左兵衛督に昇進したのは延文四年正月二十六日である。尊氏の鎌倉滞在時は尊氏自身が政務を執っていたので、尊氏がすでに関東には居ないことを前提にし、かつ基氏が幼い故と考えると十五歳以降ということは考えにくく、十四歳の文和二年しかないと思われる。基氏は関東公方であったが、彼が公的な御判御教書を出しているのは、管見では文和二年十月二十九日（「覚園寺文書」）以降である。それ以前の同年七月二日の相模《さがみ》国内（神奈川県）の沙汰《さた》付《つけ》（遵行《じゅんぎょう》）は、関東管領畠山国清の奉書で施行されている（「鶴岡等覚相承両院蔵文書」）。つまり基氏は尊氏上洛後、公方として公務に花押を使用し始めたと思われ、それは彼が十四歳の時であった。一般には十五歳以前の花押は公的効力なしとされているが、尊氏の上洛という事態に対応する処置であったのかもしれない。

尊氏の上洛と基氏の入間川在陣　文和二年七月尊氏は畠山国清を基氏の補佐役に任じて（前述のように七月二日には国清は奉書を発している）、基氏に武蔵国入間川《いるまがわ》への在陣を命じた。基氏が鎌倉を立ったのは七月二十八日である（「鶴岡社務記録」）。国清は足利氏一門の清和源氏《せいわげんじ》で、弟義深の子孫が室町幕府の管領となる。二年半程前の正平六年十一月直義を追って関東へ下る尊氏軍のなかに国清がいた。国清はそれより先の直義北国下向に随行しており、その後尊氏に帰順したのであった。直義死（観応三年二月二十六日）後の関東における直義党や南朝勢力との戦いに、国清は尊氏の元で著しい戦功があった。国清が伊豆守護に任じられたのはこの活躍のさなかと思われる（観応三年三月二十六日に所見がある）。尊氏の国清に対する信頼の厚さが窺える。基氏の室は国清の妹（畠山家国《いえくに》の娘）である。婚姻の時期は詳らかでない。後に述べるが基氏の長子は延文四年（一三五九）の五月十八日以前には生まれており、尊氏の上洛時基氏はまだ十四歳であったが、基氏と国清妹との結婚を尊氏が決めて上洛した可能性は高いかもしれない。

入間川陣は埼玉県狭山市徳林寺《とくりんじ》周辺の鎌倉街道沿いとされ、新田義貞が鎌倉幕府に背いてここに陣を布いたことで知られる（「太平記」巻十）。基氏の入間川在陣は、いまだ南朝勢力があなどれない状況とみた尊氏が、臨戦態勢維持のためとった処置であった。以後康安《こうあん》二年（一三六二）まで在陣した基氏は「入間川殿」と呼ばれることもあった。入間川は単なる陣所ではなく御所といってもよいであろうと落合義明氏は述べておられる（「中世東国の陣と芸能─武蔵国入間河陣を中心として」『日本歴史』六一七号）。

基氏笙を学ぶ　嘉慶元年（一三八七）成立の史書「源威集」によると、基氏は入間川に在陣中、豊《とよ》原成秋《はらなりあき》を召して雅楽の笙《しょう》を学んだとされる。豊原家の相伝系図では秘曲「荒序《こうじょ》」が龍秋《たつあき》から尊氏へ、そして尊氏から基氏へ相伝されたという（「體源鈔《たいげんしょう》」十三「相伝次第　荒序相伝并公宴所作人入之」）。尊氏への伝授は建武二年（一三三五）五月二十五日と記されており、いまだ建武政権下であった（「室町家伝」によれば尊氏は笙始を建武元年七月二十日に行っている）。その五年後に生まれた基氏は幼少より直義のもとで生活したと考えられ、十歳で鎌倉に下るまでの間に尊氏から笙の手ほどきを受けたか否かは分からない。むしろ尊氏が観応二年末から文和二年中頃まで鎌倉に滞在し、基氏と共に居た時期に手ほどきした可能性が考えられる。そして入間川在陣時に基氏は積極的に京都から龍秋の次男成秋を招き、さらに龍秋嫡子信秋《のぶあき》（宣秋）をも呼び寄せて、「荒序以下ノ秘曲残らず御相伝」（一部原漢文）され、その恩賞として武蔵国内に所領二ヵ所を与えた（「源威集」）。そのうちの一ヵ所が武蔵国高麗《こま》郡《ぐん》広瀬《ひろせ》郷内（埼玉県狭山市）にあったことが分かる（応永十九年七月五日上杉氏憲施行状案「鶴岡等覚相承両院蔵文書」）。基氏の笙に対する興味が並大抵でなかったことが知られる。なお「體源

図3　徳林寺(埼玉県狭山市)

鈔」十二には、成秋が文和元年十二月十二日に基氏の笙の師となるため関東に下向したとみえ、これは「将軍家御自筆ノ御書ヲ下サレテメサル、間、下向　畢《おわんぬ》」と記されている。尊氏も基氏の笙の稽古には熱心であった。この頃には尊氏・基氏父子の関係は密接なものになっていたと推測される。翌文和二年七月二十九日に上洛した尊氏は間もなく病気になったらしく、基氏は十月二十九日に鎌倉覚園《かくおん》寺《じ》長老朴艾《ぼくがい》思淳《しじゅん》に「将軍御違例」のための祈禱を依頼し、十一月四日大般若経の転読が行われた（「覚園寺文書」）。降って貞治二年（一三六三）八月の武蔵国巌《いわ》(岩)殿《との》山（埼玉県東松山市）合戦前夜、基氏は唐櫃《からびつ》より笙を取り出し、具足をつけたまま、「荒序」を音を立てず半時ばかり吹き、毎日この所作を行ったという（「源威集」）。

充行権の委譲　さて将軍が諸武士の頂点に位置することを最もよく表している行為に、知行地の充行がある。武士に土地あるいは土地支配に関する権利を給与することである。武士への充行権は、基本的には将軍がもっている権限とみられるが、この充行権の行使を、関東分国内に限り基氏が行っていることが、尊氏上洛以降（現在のところ初見は文和三年六月六日「諸氏家蔵文書所収山角氏所蔵文書」）に認められる。このように分国内の土地を関東の武士に与える権限が関東公方に付与されたことは、関東公方足利氏と関東武士との間に主従関係が生じる大きな要因となった。尊氏は足利氏による関東の直接支配を確実なものとするため、基氏（鎌倉府）にいくつかの有効な権限を与えて鎌倉を去ったと言えよう。

5　大般若経を開版する

父尊氏の開版　先に観応三年（一三五二）九月十五日の尊氏の開版について触れたが、実は尊氏は観応二年にも大般若経を開版したとする史料がある。文久三年（一八六三）の序をもつ「古経題跋」（巻上）の「鶴岡八幡宮蔵」の項に、尊氏が観応二年九月十五日に開版した大般若経全部（六百巻）及び基氏が文和二年（一三五三）九月二十二日に開版した大般若経全部があると記されているのである。同時に同書は「円覚寺蔵」の項に、尊氏が観応三年九月十五日に開版した大般若経全部（足利版）と基氏が文和二年九月二十二日に開版した大般若経があると記す。基氏に関しては同じ版と考えられるが、尊氏開版の大般若経は観応二年と同三年の二種があったことになる。現在これと断定できるものは鶴岡八幡宮にも円覚寺にも伝存していないらしい。

尊氏の開版の時期をみると、観応二年九月の尊氏は、京都近辺で直義京都出奔後の直義方との戦いを続けていた。つまり在京中であり関西における開版となろう。一方観応三年九月の尊氏は鎌倉に在住しており、関東での開版となる。両方が史実なのか、一方が誤伝なのか、いま原物がない故に確認することはできない。

昭和三十年代に円覚寺所蔵の大般若経（巻一をはじめ合計四十五巻を闕くという）を調査された貫達

人氏は、円覚寺に現存しない第一巻は昭和十年頃までは円覚寺にあり、尊氏の願文が印刷してあって、尊氏の署名は自署を彫ったものであったようだと語る井上禅定氏の話を紹介されている（「円覚寺蔵大般若経刊記等に就て」『金沢文庫研究』七五号）。

『大日本史料』六編は「古写本大般若経目録」（島田乾三郎氏所蔵）から左のように引用している。

大般若経一部六百巻　宿願のため開板し畢、（原漢文、以下同じ）

観応三年九月十五日　　正二位源朝臣尊氏

『大日本史料』では観応三年の開版のみを掲載しており、同二年には記載がない。貫氏論文には伊藤庄兵衛氏蔵の大般若経六百巻のうちの巻十一にこの刊記があることを、吉沢義則氏の「日本古刊目録」から紹介されている。しかしこの記述内容は円覚寺所蔵の巻十一とは異なるものであるという。

義詮・基氏の開版　さて「古写本大般若経目録」は尊氏開版に続けて、義詮・基氏の刊記を載せている。

大般若経一部六百巻

宿願のため開板し畢、

延文二年十一月廿一日

参議左近衛中将源義詮

源氏女如春

大般若経一部六百巻
宿願のため開板し畢、
文和二年九月廿二日

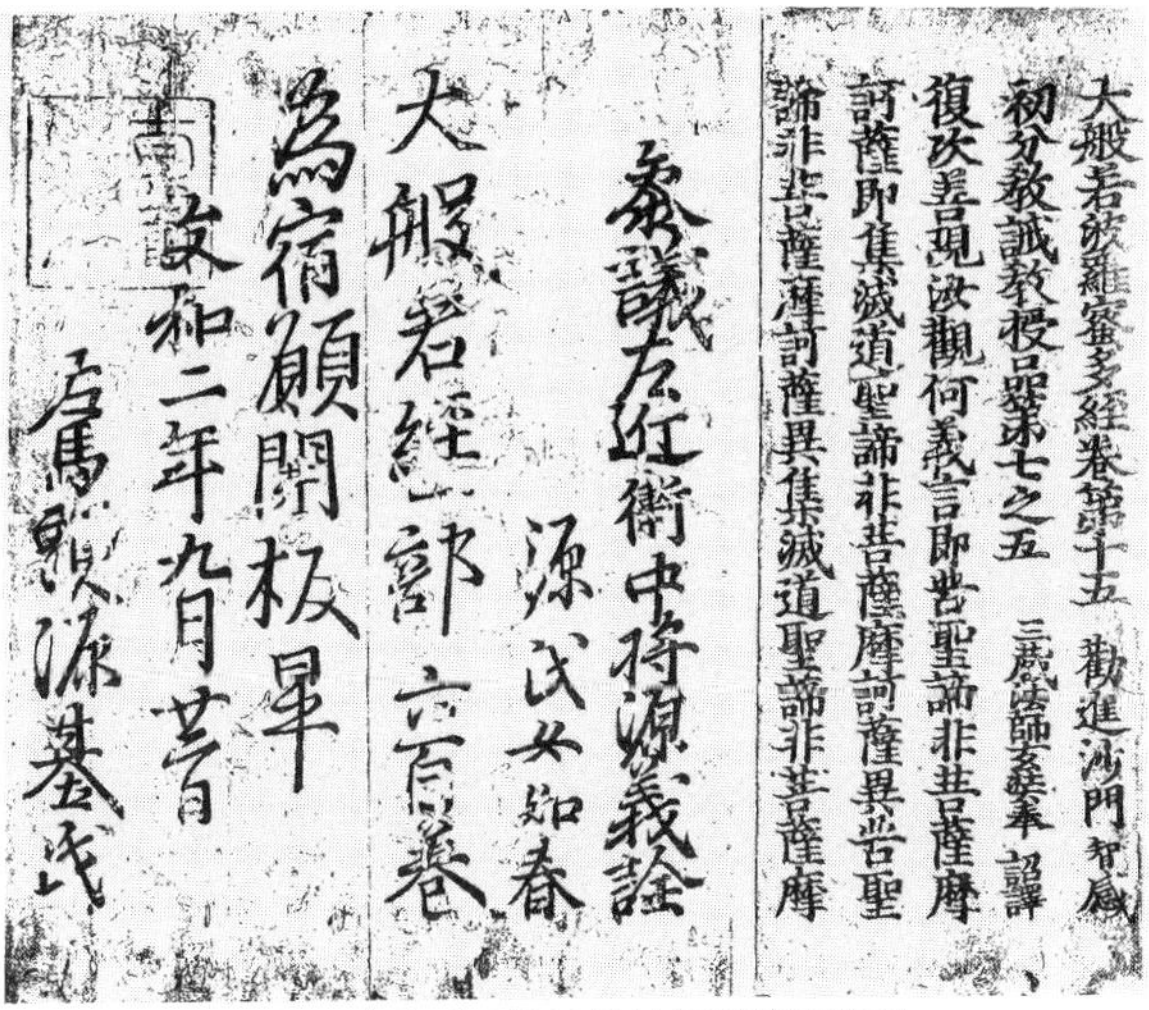
大般若波羅蜜多経巻第十五　勧進沙門智蔵
初分教誡教授品第七之五　三蔵法師玄奘奉　詔譯
復次善現汝観何義言即苦聖諦非菩薩摩
訶薩即集滅道聖諦非菩薩摩訶薩異苦聖
諦非菩薩摩訶薩異集滅道聖諦非菩薩摩
参議左近衛中将源義詮
源氏女如春
大般若経一部六百巻
為宿願開板畢
文和二年九月廿二日
左馬頭源基氏

図４　文和2年9月22日付足利基氏刊記
(「大般若波羅蜜多経」巻15部分、宮内庁書陵部蔵)

　　左馬頭源基氏

ところが『大日本史料』六編は文和二年九月二十二日の項に、宮内省図書寮所蔵の大般若経十五の跋として、

　参議左近衛中将源義詮
　　源氏女如春
大般若経・部六百巻
宿願のため開板し畢、
文和二年九月廿二日
　　左馬頭源基氏

と掲げ、原寸大の写真を載せている。そこでは基氏の開版は足利義詮・如春のためと解釈されている。これは前述の「古写本大般若経目録」

では別個のものとして掲げられていたものである。『大日本史料』所載の写真で文字をみると、前二行と後四行とは別筆とも思える。「宿願」と形どおりの意趣は記されているので、義詮らのためという解釈には無理があると思う。巻十五が現在のような体裁になったのが何故なのか、いまは不思議としか言えない。

ここで如春《にょしゅん》について触れておこう。義詮と名を並べている如春は法名とみられるが誰なのか。康《こう》暦《りゃく》元年（一三七九）六月二十五日に武蔵国赤塚郷《あかつか》（東京都板橋区）を宝篋院殿（義詮）のため、また如春の後生菩提供養料として春屋妙葩《しゅんおくみょうは》に寄進している如春がいる（「鹿王院文書」）。『板橋区史』（資料編2）は如春を義詮の正室渋川幸子としている。如春は赤塚郷を故本光院《ほんこういん》殿の跡として賜ったという（永徳二年二月二十九日「鹿王院文書」）。本光院は直義の正室の追号で、彼女は渋川義季の妹であり、つまり義季の娘である幸子とは叔母・姪の関係であった。元弘三年（一三三三）後半頃の足利尊氏・同直義所領目録によると、鎌倉幕府滅亡後赤塚は直義に与えられていた（「比志島文書」）。赤塚の支配は北条氏（『板橋区史』は得宗領かとしている）から直義、直義没後夫人の本光院殿へ、そして彼女から姪の幸子へ譲られ、幸子（如春）が康暦元年春屋に寄進したことになる。右の範囲内では康暦元年の如春は義詮後室（幸子）で辻褄が合う。延文二年（一三五七）の段階で幸子が出家しており、かつ義詮と連名で法体のまま表に立つということがあったとすれば、大般若経開版という非常に仏教的なまた個人的な行為である故としても、やや違和感が残る。しかし義詮と名を連ねるには、正室である幸子がふさわしいのも確かであろう。因に延文二年は夫義詮と八幡検校通清娘との間に最初の男子が五月七日に生まれている。そして同じ母から翌延文三年義満が生まれた。その後も通清娘を母とする義詮の子はいるが、正室幸子の子は確認できない。

さて先にも紹介した「古写本大般若経目録」から、基氏の関係したものを列挙してみよう。

巻十五　智感　義詮　基氏跋
巻一百一　貞治三十月日　智感　左兵衛督源朝臣基氏（花押）
巻一百十八　智感　基氏判
巻三百　永和二七月日　智感　奥書尊氏　義詮　基氏
巻五百十三　基氏判

智感は智感版のことである。巻十五によれば義詮と基氏の跋がある大般若経があったことになり、前出の図書寮所蔵のものと同じであろうか。

なお円覚寺所蔵大般若経巻十五は延文四年五月十八日の日付をもつが、ここに「源金王丸《こんのうまる》」とみえているのは、基氏子息氏満と思われる。「系図纂要」が氏満の誕生を延文四年八月十二日としているのは誤りかもしれない。経典への記載は当然幼児であった金王丸の意志によるものではなく、父基氏の意向と考えられる。

般若心経を書写する　貞治四年（一三六五）七月二十五日基氏は般若心経を書写している（「根津嘉

一郎氏所蔵」)。なお「松雲公採集遺編類纂《しょううんこうさいしゅういへんるいさん》」(十九)によれば、基氏の「紺紙金字之心経」が延宝五年(一六七七)には鶴岡八幡宮にあったという。東京大学史料編纂所に「伝足利基氏筆般若心経」(下野那須郡小林邦太郎氏所蔵)の台紙付き写真が架蔵されており、これが紺紙金泥とのことであるが、右のものであるか否かは明らかでない。

以上基氏の大般若経開版や聖教書写の活動をまとめて記した。基氏の仏教への関心は、延文四年の義堂周信らの招請からも窺える。

義堂の関東下向　延文四年八月基氏は親書と専使を京都の春屋妙葩(夢窓疎石の法嗣《はっす》)に遣わし、弟子十人が関東に下向してその法道を弘めることを乞うた。春屋が適任者として義堂を始めとする十人を選出し、彼らが関東に赴き、五人は建長寺に義堂を含む五人が円覚寺に入った(「空華《くうげ》日用《にちよう》工夫《くふう》略集《りゃくしゅう》」)。ここには基氏が夢窓を尊敬していたと記されている。夢窓は尊氏・直義からも深い帰依を得ていた禅僧である。基氏の宗教心は、幼い頃から育まれたのかもしれない。

寺院の保護　文和三年九月二十二日基氏は「大小禅刹《ぜんさつ》規式条々」を定めた(「円覚寺文書」)。諸山住持事、建長・円覚両寺住持事、僧衆行儀事等を規定したあとに、年貢の対捍《たいかん》等で寺用が闕乏《けつぼう》し、僧衆の止住が困難になっていることを指摘し、寺用を全うし、僧衆が安んじられることを願っている。寺院を保護する姿勢が読み取れる。左はこの頃の基氏の関東分国内寺院への寄進例であり、その後も続けられた。

文和三年閏十月二十六日　正法蔵寺《しょうほうぞうじ》（鎌倉の松谷寺《しょうこくじ》か）へ伊豆国馬宮《まみや》庄上方地頭職

（「金沢文庫文書」）

延文元年十二月三日　武蔵国教念寺《きょうねんじ》へ同国男衾郡本田郷并小泉郷地頭職

（「武州文書十六教念寺文書」）

延文二年八月二十一日　伊豆国吉祥寺《きっしょうじ》へ武蔵国万吉《まんきち》郷岩松治部大輔跡

（「神田孝平氏所蔵文書」）

なお文和五年三月三日基氏は京都山科の十住心院《じゅうじゅうしんいん》を祈願所としている（「六波羅密寺文書」）。

6　尊氏の死

父の死　足利直義が延文三年（一三五八）二月十二日従二位を贈られた（「愚管記」）。直義は去観応三年（一三五二）二月二十六日鎌倉で没し、兄尊氏による毒殺説が囁《ささや》かれたことは前に記した。この直義贈位のことは「武家俄《にわか》に申し行うと云々、其故を知らず」（原漢文、同前）とされる。尊氏には直義を許す気持ちがおこり、手続きをとったものと思われる。この二ヵ月半後の四月三十日、尊氏は病のため死んだ。四月十五日より癰を病んでいたと「公卿補任」は記し、「愚管記」は四月二十二日条に尊氏が腫物を病むと記す。二十九日に腫物祈禱が行われたが（「五壇法記」）効なく、翌三十日二条万里小路《までのこうじ》第で他界した（「建武三年以来記」）。正二位前権大納言、征夷大将軍の尊氏は五十四歳であった。六月三日左大臣従一位を贈られた。法名は仁山《にんざん》妙義《みょうぎ》、等持院《とうじいん》殿・長寿寺《ちょうじゅじ》殿と称される。長寿寺は鎌倉亀ケ谷にあり、開山は古先印元《こせんいんげん》で、開基は尊氏説と基氏説があるとされ、室町期作の古先印元像・尊氏像を安置し、境内には基氏が父尊氏の遺髪を埋めたと伝える変形の五輪塔があるという（『鎌倉事典』）。「古先和尚行状」（永和二年成立）によれば、長寿寺は基氏が延文三年に創建したとするが、山家浩樹氏は建武三年尊氏が長寿寺を諸山《しょざん》に列した明証があるとされ（「無外如大と無着」『金沢文庫研究』三〇一号）、建武三年には基氏はまだ生まれていない。

尊氏の六七日《ろくしちにち》に当たる六月十二日、当時の右大臣（従一位）近衛道嗣は自らの日記「愚管記」（原本を所蔵する陽明文庫では「後深心院関白記《ごしんじんいんかんぱくき》」と称するが、本書は一般的呼称である「愚管記」を用いた）の延文三年六月十一日から十三日にかけての紙背《しはい》に、基氏と畠山国清に対して出した書状を写している。内容は弔意を表したもので、以前から道嗣と基氏（鎌倉府）との間に交流があったからであろう。

大樹《たいじゅ》の御事驚き入り候、殊更使者をもって申さしめ候、他事後信を期す、不具、謹言、（原漢文）

六月十二日　　右大臣判（近衛道嗣）

左馬頭殿

大樹の御事驚き入り候、天下のため、家門のため、旁歎き思し給い候、殊更使者をもって申さしめ候、他事後信を期すの状件《くだん》の如《ごと》し、（原漢文）

六月十二日　　判（近衛道嗣）

入道修理権大夫殿

入道修理権《しゅりごんの》大夫《だいぶ》殿

大樹は尊氏、左馬頭は基氏、入道修理権大夫は国清と思われ彼は尊氏の死とともに出家した可能性が高い（法名道誓《どうせい》）。道嗣は基氏と国清とに同趣旨の手紙を出しているが、書止文言《かきとめもんごん》を異にしている。基氏に対しては書状の書止であり、国清に対しては書下《かきくだし》の書止である。百瀬今朝雄氏の御教示によれば、書式の違いは基氏と国清との身分の違いによるものであり、また両者に出されているのは、基氏に対しては父の死による個人的弔意を表し、国清に対するものは鎌倉府という機関に対する弔意の挨拶であろうとされる。義詮・基氏の喪が明け復任したのは八月十二日、そして十二月十八日に義詮は征夷大将軍に任じられた。なお基氏は翌延文四年正月二十六日左兵衛督に任じられた（「愚管記」同年二月十八日条）。

新田軍挙兵　尊氏の死後関東で南朝方の動きがあった。新田義興が義兵を挙げるため同志を増やしつつあることを察知した基氏・国清は一計を策した。「太平記」（巻三十三）は次のように記す。もと義興に属していた竹沢右京亮《うきょうのすけ》が偽って義興に降り、九月十三夜の観月の宴に誘って義興を討とうとした。しかし少将の局の進言で義興が竹沢館に行かなかったため果たし得なかった。続いて竹沢氏と江戸氏が語らい、畠山国清に恨みがあるので、彼を討つための大将になってくれと義興を誘った。この話に乗せられた義興は、鎌倉へ向かうため十月十日に多摩川の矢口の渡しへ至った。ここで江戸・

竹沢氏が船の底を刳り貫いて細工した船に義興は乗り込んだ。「三途ノ大河トハ思寄ヌゾ哀ナル」義興は、沈みゆく船の中で腰の刀を抜き、左の脇より右のあばら骨まで掻き回して自害した。「七生マデ汝等ガ為ニ恨ヲ報ズベキ者ヲ」と恨みながら死んだ義興は、怨霊となって江戸氏を殺した。義興が最期を遂げた矢口の渡しの辺りに、夜な夜な光り物が出て往来の人を悩ませたので、近隣の村人がここに社を建て、新田大明神として義興を祀ったという。現在東京都大田区矢口町に新田神社がある。

関東軍の上洛　明けて延文四年、京都近辺でも南朝方の不穏な動きがあり、将軍義詮が発向する事態となった。二月七日基氏は関東の諸士に対して参洛して忠節することを命じた。波多野《はたの》氏（「雲頂庵文書」）・別符《べっぷ》氏（「別符文書」）・高麗《こま》氏（「町田文書」）・金子《かねこ》氏（「萩藩閥閲録」八十二）等に充てた基氏の御教書が伝わる。更に九月十一日付で茂木《もてぎ》氏（「茂木文書」）・金子氏（「萩藩閥閲録」八十一）に上洛命令を出した。これは国清の要請によるものであると「太平記」（巻三十四）は記している。「両雄ハ必争フト云習」があり、京都の義詮と鎌倉の基氏の兄弟仲はきっと悪くなると皆が危惧している、そこで京都加勢のため東国軍を派遣すれば、義詮も基氏に疑念を抱くことはなかろうと進言し、基氏が了承しての処置であった。そして国清自身その東国軍の大将として十月八日上洛した。基氏は十二月十一日に凶徒退治祈禱を鎌倉稲荷社に命じた（『後鑑《のちかがみ》』所収「鎌倉佐介稲荷文書」）。この年延文四年基氏の長子金王丸（氏満）が五月十八日以前には生まれていることが、円覚寺所蔵大般若経巻十五の刊記で分かるので、それ以前に国清の妹が基氏の室となっており、国清の発言権が鎌倉府内で大きくなっていたことは想像に難くない。

国清失脚する　さて上洛した関東軍は翌延文五年にかけて戦功もあったが、長期滞在の遠征軍であったため、随意に帰国してしまう関東武士が出始めた。出発して一年もせず鎌倉に引き上げた国清は、無断帰国した武士の所領を没収するなどした。この畠山圧政への不満が関東武士のあいだにつのり、千余人が誓約して、畠山のもとでは成敗に従わぬ旨基氏に訴えた。これに対し基氏は「此者ドモニ背レナバ、東国ハ一日モ無為ナルマジ」（「太平記」巻三十六）として、康安元年（一三六一）十一月二十三日義兄国清を入間川陣から追放した。この後管領として徴証があるのは高師有《もろあり》で、彼の文書上の所見は翌康安二年四月二十五日が早い（「三嶋大社文書」等）。師有は師秋《もろあき》の子、師秋は有名な師直とは従兄弟にあたり、貞和五年八月の師直・直義対立時には、直義方であった（「太平記」巻二十七）。石井進氏の御教示によれば、師秋の室は上杉憲顕の姉妹であるという。

入間川から鎌倉へ逃げ帰った国清は、兄弟・郎従を引き連れて小田原から守護領国伊豆に赴き、城郭を構えて基氏に対抗した。鎌倉府からは畠山討伐軍が伊豆国に派遣された。基氏の軍勢催促の御教書の一例を示そう。充所の安保《あぼ》氏は武蔵国安保郷（埼玉県児玉郡神川村）を本拠に鎌倉後期以降活躍が認められる武士である。

畠山阿波入道以下の輩、伊豆国に下国せしめ、城槨（郭）を構うと云々、不日馳せ向い、退治を加うべきの状件の如し、（原漢文）

康安元年十一月廿六日　（足利基氏）（花押）

安保五郎左衛門入道殿

（安保文書）

基氏が翌年にかけて軍勢催促をした関東武士には、他に波多野氏（「雲頂庵文書」）、岩松氏・白旗一揆《しらはたいっき》・上野国藤家一揆・和田氏（「正木文書」）等がいた。波多野氏は摂関家領相模国波多野荘（神奈川県秦野市）を本拠にした平安時代以来の豪族、岩松氏は新田一族で上野国新田荘岩松郷（群馬県新田郡尾島町）を本拠にした豪族、白旗一揆は上野・北武蔵の国人一揆、和田氏は和田義盛《よしもり》の子義信《よしのぶ》の後裔と伝えられる上野国群馬郡和田（群馬県箕郷町）に拠る武士か。この頃同時に基氏は天下静謐祈禱を鎌倉覚園寺（康安元年十一月二十八日「覚園寺文書」）・上野国長楽寺（同日「長楽寺文書」）に命じている。翌年二月には彗星が出現したらしく、覚園寺等に重ねて天下安全を祈らせた（二月二十三日「相州文書所収覚園寺文書」「川上文書」）。基氏自身が伊豆国に発向したのは康安二年八月十六日であった（「神明鏡」）。基氏に代わって当時四歳の子氏満が入間川に座し、九月十五日安保氏に警護が命じられた（「安保文書」）。

国清は鎌倉府における自分の地位・権力を信じ相当数の加勢を期待したが、わずか五百余騎で伊豆国に逃げたという。伊豆は関東武士との関係が比較的希薄であり、かつ吉祥寺（「鎌倉大草紙」によれば国清自身の創建）等寺院勢力にも期待していたとみられている。しかし伊豆における頼みの綱である狩野介《かのうのすけ》が基氏方に降るなど、地元武士らの加勢は得られず、最終的に籠もった修禅寺城《しゅぜんじじょう》（静岡県修

図5　鶴岡八幡宮（神奈川県鎌倉市）

善寺町）でも兵糧がつき、九月十日国清は基氏に降参した（『太平記』巻三十八）。処罰を恐れて逃亡した国清は、その後奈良辺りで窮死したという。なお「津川本畠山系図」には貞治元年九月二十五日に急死したとみえ（『韮山町史』通史編1）、一説には貞治三年病死したとも伝えられる（「畠山家記」）。

7　上杉憲顕を政界に復帰させる

鎌倉の主としての基氏　基氏は貞治《じょうじ》元年（一三六二）十二月二十七日「鶴岡八幡宮社内幷近所」に禁制を出した（「相州文書所収荘厳院文書」）。鎌倉時代は幕府から出されていたこの種の禁制を基氏が発したということは、周囲からもまた基氏自身にも鎌倉の主としての意識があったことを意味しよう。翌年閏正月四日京都の中原師守は県召《あがためし》除《じ》目聞書《もくききがき》を基氏に贈った（「師守記」）。基氏の所望によるものかどうか知る術はないが、例年春に行われる官人任命の儀式の聞書を基氏が入手していたことは確かである。家臣登用の参考にしたのであろうか。そして閏正月二十二日に鎌倉法泉寺《ほうせんじ》に相模国下曾比《しもそび》郷（村山法眼跡地）を寄進し（「吉田文書」）、二月三日には鶴岡八幡宮神主に天下安全祈禱をさせ（「鶴岡神主家伝文書」）、二月二十七日鶴岡若宮別当僧正弘賢《こうけん》を下野国足利庄樺崎・鑁阿《ばんな》両寺の別当職に補し（「神田孝平氏旧蔵文書」）、同日右大将家法花堂に常陸国太田郷地頭職を安堵した（「小田本宗支族系図」）。

出家していた憲顕　そして同貞治二年の三月二十四日、基氏は上杉憲顕（民部大輔《みんぶたいふ》入道、法名道昌《どうしょう》）に次のような書状を書いた（「上杉家文書」）。

関東管領の事、京都より度々仰せられ候と雖も、時儀難治の間、今に延引候、今時分子細有るべからず候、時日を廻らさず参らるべく候、是非に就き相構々々異議に及ぶべからず候、且天下のため候の間《あいだ》此の如く申し候也《なり》、若し遅々候らわば、支え申す仁なとも出来《しゅったい》すへく候歟、此事多年念願の事に候間、此時就願大慶候、委細の旨希源《きげん》申すべく候、謹言、（一部原漢文）

三月廿四日　　基氏（花押）

民部大輔入道殿

遡る観応の擾乱で失脚した憲顕は、関東分国外でかつ以前守護であった越後国に居住していたと思われ、その十年余の間に出家入道していた。憲顕が直接敵対した尊氏はすでに亡く、鎌倉府草創期に憲顕が補佐していた義詮が将軍となっていた。守護の任命権は将軍が持っており、貞治元年には憲顕は越後守護に返り咲いた。公的地位に復帰できたのである。基氏はこの憲顕を関東管領として鎌倉府に復帰させることを強く望んだ。しかし「難治」（むずかしいこと）があり延引していたが、この度問題が無くなったので、天下のため速やかに帰参してほしいと基氏は説く。憲顕の管領復帰に支障があったとすれば、それは彼が法体《ほったい》であったことが考えられる。鎌倉幕府においては法体の執権《しっけん》は存在せず、出家するときは役職を退くのが慣例であった。室町幕府においても、これまで法体の執事・管領はいない。但し関東における畠山国清の存在は微妙である。国清は文和二年（一三五三）中頃尊氏によって基氏の補佐を命じられ、鎌倉府で重きをなしていた。尊氏が延文三年（一三五八）四月三十日に死去した後、国清が出家入道していたことは、前述の同年六月十二日の近衛道嗣御教書写で確認でき（入道修理権大夫とみえる）、以後例えば「阿波入道道誓」（延文六年六月二十五日、足利基氏寄進状案「三嶋大社文書」）のようにみえるが（国清の俗体時の官途は、修理大夫と阿波守が文書で確認できる）、出家後彼が公的に関東管領に在職し続けたか否か確かめられない。翌延文四年の関東軍を率いての上洛は、国清主導で実施されており、彼が鎌倉府の実力者であったことに変わりはないであろう。この国清の上洛を記す「園太暦」や「愚管記」には、国清の肩書は記されていない（なお「太平記」巻三十六には「畠山入道ヲ執権」に任じたとみえている）。ところが彼は二年後には失脚してしまう。法体となった国清がそのまま関東管領に在職した可能性はあり得るかもしれないが、初めから法体の人物を公的な関東管領にするというのは、前例を見ない。このような法体管領の就任につき、基氏自身は上洛して義詮を説得しようと考えていたとも推測され、貞治二年六月三日帰洛した幕府の使節は、基氏の上洛はやめになったと報告している（「後愚昧記《ごぐまいき》」）。

法体の管領と俗体の管領　さてこの結果憲顕が法体のまま管領に補任されたか否かについては確証は得られない。憲顕が鎌倉府の実力者の地位についたことは窺い知ることができる。貞治二年十一月二日将軍義詮から関東への申沙汰が憲顕に充てて出されているからである（「上杉家文書」）。従って基氏が望んだ関東管領に憲顕は就任したと考えておきたい。

ところで貞治三年には関東管領の職掌を行使している「左近将監《さこんしょうげん》」もいた。例えば貞治三年十月二十八日武蔵国内への沙汰付を左近将監が両使に命じている奉書がある（「黄梅院文書」）。一般的に沙汰付命令は鎌倉府から当該国守護に命じられる。武蔵守護は南北朝中頃以降関東管領の兼任である。この遵行が両使に充てられていることから奉書発給者の左近将監自身が武蔵守護であったと考えられ、つまり彼は関東管領でもあった。この年貞治三年には憲顕自身は上京していたと思われる。それは義詮が伊豆走湯山密厳院別当職に醍醐寺三宝院僧正光済《こうさい》を任じたことを関東公方基氏に知らせる（貞治三年四月十日「醍醐寺文書」二二）とともに、上杉入道（憲顕）に対して寺領以下の処置を命じた義詮書状の中に「定て京都において聞き候哉」（原漢文）とみえるからである（同年九月四日、同前）。憲顕在京の時期は明確にできないが、鎌倉府を留守にしたため代理的な管領を置く必要があったのか。または法体では不都合な儀式等の場合を考えて、当初から二人の管領が置かれたのであろうか。

では左近将監とは誰なのか。彼が上杉氏であったことは、義堂周信が降る永和《えいわ》四年（一三七八）八月初吉に記した「黄梅院文書目録」に、前出の左近将監奉書を「貞治三年十月廿八日　執事上杉左近将監施行」としていることから明らかである（至徳元年四月日「黄梅院文書」）。執事という表記は、同目録では幕府の管領及び関東の管領に用いている。憲顕と併任していることから推して、彼の子供ではないだろうか。しかし左近将監と同じ花押をもつ人物を憲顕の子供の中に見出すことはできない。彼の子供の中で左近将監を称したのは、系図からは末子憲栄《のりよし》のみである。しかし憲栄が応安《おうあん》元年父憲顕の死により越後守護となった後の彼の花押と、貞治三年の左近将監の花押は異なっている。結局は左近将監の正体は不詳ということになる（拙著『上杉憲実』）。とにもかくにも貞治期法体と俗体の二人の管領が存在したと推測される。憲顕没後の関東管領にも二人が補任され、またこの後ほとんどの関東管領は法体のまま就任・在職した。

宇都宮・芳賀氏を討つ　この上杉憲顕の鎌倉府への復帰に反対した下野国の豪族宇都宮氏綱《うじつな》を討つため、基氏自身が発向したのは貞治二年八月二十日である（同月十八日「額田小野崎文書」）。氏綱は越後守護を憲顕に取って替わられていた。宇都宮氏に加担したのは氏綱の伯父にあたる芳賀高貞《はがたかさだ》らであった。基氏は常陸の小野崎氏（同前）・下野の那須氏（同年八月二十九日「秋田藩採集文書」二十）・同長沼氏（同年九月六日「皆川文書」）・同茂木氏（同年九月十日「茂木文書」）らに軍勢を催促し、この他常陸の烟田《かまた》氏（同年十月日「烟田文書」）・中村氏（同年十月日「集古文書」二十四、三浦氏族か）も参戦した。この時の武蔵国岩殿山合戦の前夜に基氏が笙を吹いたことは前述した。「生田本鎌倉大日記」によれば、敵を没落させたのち「野州夫王宿」（比定地不詳）に在陣していた基氏のもとに、越後より憲顕が参上したという。

基氏の苦悩　五月二十六日付の基氏書状をみよう（「保阪潤治氏所蔵文書」）。

指たる事なく候に依り、未だ申し通ぜず候の条、本意に背き候、そもそも工夫《くふう》用心何様たるべく候哉《や》、坐禅之時、心乱れ雑念相起り候事多く候、少し静かに候の時は、矇々の気相萌し候、はたまた行《ぎょう》住坐臥《じゅうざが》の間、其意何体に持つべく候哉、次に工夫いまだ純一ならざるの時、生死到来候わば、其時の所存何に向くべく候哉、此の条々のほか意を得るの様、委しく示し給わり候わば畏り入り候、恐惶敬白、（原漢文）

仲夏廿六日　　基氏（花押）

侍者御中

書止文言が「恐惶敬白」と丁寧であることといい、「侍者」に充てられていることといい、実質的充所は基氏が相当に尊敬している人物のはずである。「瑞石歴代雑記《ずいせきれきだいざっき》」によれば、本書状は貞治二年（一三六三）五月二十六日基氏が寂室元光《じゃくしつげんこう》に「心要」を問うた書状であるという。寂室は康安元年（一三六一）七十二歳の時、近江守護佐々木氏頼《うじより》が創建した永源寺《えいげんじ》の開山となり、二年後の貞治二年正月三十日鎌倉建長寺の住持職に補任された（「永源寺文書」）。

基氏の苦悩は、坐禅の時に心が乱れ雑念が起こること、平静の時は瞳あれど何も見えていないという気持になることである。このような工夫（禅宗で与えられた公案について考え抜くこと）純一ならざる時に、もし死が到来すればどうしたらよいかと、寂室に教えを乞うている内容である。時に基氏は二十四歳である。これに対する寂室の答えが「寂室録」に収められている。五百字を越える寂室の答えの中に大慧《だいえ》の書（南宋の大慧が門下の者に禅の要旨を説いた書）の数句を抄出して基氏に進上したとみえており、基氏はこれらを理解し得たのであろう。この寂室と基氏の問答のことを、後年義堂は足利義満に語った（「空華日用工夫略集」康暦二年十月三十日条）。迷い多い日々の生活の中で、工夫純一なることを念じている基氏の、真面目で素直な性格が伝わる。

同じ頃に書かれたと推測される基氏自筆書状を紹介しよう（京都菊大路纓清氏所蔵。東京大学史料編纂所架蔵の写真による）。


尚清法印遺跡の事承り了、又扇給わり候、悦び入り候、謹言、（原漢文）

六月十三日　　基氏

山井法印御房

右文中の尚清は、元応二年（一三二〇）十月六日に没した石清水八幡宮別当尚清《しょうせい》（善法寺と号す）と思われ、充所の山井法印は尚清の孫の昇清《しょうせい》（山井と号す）と思われる。昇清が法印になったのは延文二年（一三五七）十一月二十八日で、貞治元年（一三六二）十二月十七日に石清水八幡宮別当に補任され、同三年六月十二日（十一日とも）に没した（『石清水八幡宮史』所載「祠官家系図」）。右基氏書状の内容が昇清が別当になったことを意味しているとすれば、貞治二年六月十三日に書かれた可能性が高かろう。昇清の妹が基氏の兄である将軍義詮の室でもあり、昇清と基氏の親交があったものと思われる。

貞治三年正月二十九日基氏は、円覚寺僧が規式に背いていることを聞き、円覚寺評定衆連署によって規式条々の遵守を誓わせた（「円覚寺文書」）。

世良田義政誅伐　貞治三年七月二十七日世良田義政《せらだよしまさ》が基氏の勘気をこうむり、翌日討手を向けられた（「生田本鎌倉大日記」）。理由は判然としないが、八月二日には義政及び梶原景安《かじわらかげやす》誅伐のため基氏は南部右馬助《うまのすけ》に軍勢を催促した（『後鑑』所収「万沢文書」）。その後義政は上野国如来堂で自害したと伝えられ、十月二十八日には彼の跡地が新田治部大輔に交付された（貞治三年十一月九日「正木文書」等）。この後「信濃国凶徒対治」にも軍勢を出すなど（貞治四年八月二十七日「高文書」等）、基氏は関東分国内の平定に腐心している（この時期信濃国は関東分国であった。『乱世の鎌倉』）。

8　義堂周信との親交

図6　瑞　泉　寺（神奈川県鎌倉市）

義堂周信　義堂は字《あざな》、周信は諱《いみな》、別号を空華道人という。彼の日記の抄本である「空華日用工夫略集」は、宗教上の史料であるばかりでなく、室町幕府・鎌倉府関係の根本史料としても貴重な存在である。本項では義堂に関わりのある事柄は、特に記さなくてもこの日記によっている。延文四年（一三五九）関東に下ってからの義堂は、基氏の深い帰依を得ていた。

瑞泉寺の花見　康安二年（一三六二）春基氏は義堂とともに鎌倉瑞泉寺《ずいせんじ》一覧亭《いちらんてい》で花見をしている。瑞泉寺は嘉暦《かりやく》二年（一三二七）の創建で、開山は夢窓疎石。背後の山頂にある偏界一覧亭はその翌年に建てられ、五山僧たちがしばしば詩会を催したところである。基氏はこの頃義堂の住す円覚寺黄梅院に相州北深沢庄（神奈川県鎌倉市）を寄進し、康安二年三月その文書を義堂は入間川陣に赴いて受け取った。入間川在陣中の基氏は、わざわざ鎌倉へ出向いて花見をしたのである。その後畠山国清討伐のため基氏は伊豆国に発向し、代わって子氏満が九月十五日入間川陣に入ったことは前に記した。

基氏奉慶の詩　そして同年（康安が改元され貞治元年）の冬鎌倉に帰っていた基氏に、義堂は瑞泉寺において基氏奉慶の詩を詠んだ（「空華集」八）。蔭木英雄氏の訓訳で紹介しよう。

（府君は）汗血馬に乗り辺境を守ること十二年、故郷に帰り先賢を訪ねる。（漢高祖の如く）春風に多くの父老に酒を盛り、朝日に軍旗は輝き家々からは平和な炊煙。吉報を知らす鳥が戸を叩くのに驚き、山も嬉しくて眉を動かしているよう。民衆は（主を慕う）「甘棠」詩の続きを歌おうとし、府君（基氏公）も（軍をねぎらう）「杕杜」の詩を歌いなさるがよい（『訓註空華日用工夫略集』。以下漢詩は蔭木氏の訓訳による）。

当時二十三歳の基氏に指導者としての資質をみ、その実行を促している内容とも言えようか。基氏は貞治三年四月十四日、従三位に叙され、公卿の仲間入りをした。

行宣政院の設置　義堂は日記の貞治三年夏の条に、鎌倉府が初めて「行宣政院《あんせんしんいん》」を置き、関東分国十ヵ国の禅教諸刹をもって関わらしめたと記す。この行宣政院は、室町幕府における禅律方《ぜんりつかた》にあたる鎌倉府の機関とされる。禅律方は禅宗律宗寺院（寺僧）が一方の当事者である所領裁判を取り扱ったり、又それら寺院の規式を作成したりする機関である。基氏がこの種の役所を設置したのは、禅宗などの保護（優遇）・統制に心を配っていたからであろう。

また同条によると、基氏は春屋が奉献した「銅雀研《どうじゃくけん》」を所持しており、義堂に詩文「銅雀研記」を作らせたという。蔭木英雄氏によれば、銅雀研は曹操（魏の事実上の創建者）が建安十五年（二一〇）に建てた銅雀台の遺跡から出土した瓦で作った硯のことで（研は硯に同じ）、基氏を賀し奉って、「芳香は美しい帳の中にこもって人を引き留め、主人（足利基氏）は兵書を問わずに仏典を質ねる」という内容を記したという。基氏の仏教への造詣が窺える。

貞治四年基氏の命を承けて義堂が「天神祠」と題して詩を三篇詠んでいる（「空華集」二）。一つは、

梅花を愛してこの岸辺で、菅公は昔涙で衣をぬらした。今も毎晩梢にかかる月が忠臣の真心を照らしていることだろう（『訓註空華日用工夫略集』）。

というものであった。基氏は義堂との親交の中で広い教養を身につけていった。

翌貞治五年の春、義堂のもとに母の訃報が届いた。実は去年十月三日に死去していたという。円覚寺の不聞契聞《ふもんかいもん》から同寺の第一座（首座）になることを請われたが、母の喪を理由に辞退したが、四月二十四日再び不聞の要請と幕府からの命により、円覚寺住持となった。そして六月一日住持として円覚寺に入った。関東に下ってからというもの、基氏とは地位など外的なものを忘れて、仲間のごとく心で交わってきた、と義堂は日記に記している。

9　基氏の死

母の死　基氏の母登子は、鎌倉幕府の最後の執権赤橋（北条）守時の妹で、幕府が崩壊して北条一族が滅亡したなかで、登子は尊氏の室として無事生を全うした。一歳年長の夫尊氏が延文三年（一三五八）に没したあと出家したとみられ、貞治四年（一三六五）五月四日の登子の死を伝える「師守記」は「大方二位禅尼」と記している。前年の九月二十二日登子の病の平癒祈願を義詮が行っているので（「門葉記」）、晩年は病がちであったのか。死の原因は「悪瘡」とされる（「師守記」）。享年は六十歳であった。登子は生涯七人の男女を生んだと思われるが、この時生存していたのは義詮と基氏の二人の男子のみであった。一人は征夷大将軍、一人は鎌倉府の主である関東公方であった。登子の喪による触穢は三十ヵ日であった。六月九日に至り故登子へ従一位が贈られている（「師守記」）。

和歌をたしなむ　ここで一通の基氏書状を紹介したい（「田中光顕氏所蔵文書」）。

　贈　しるへせし人のすまゐもとをけれは　又立まよふ和歌の浦波

　　興候々

答　まよはしなすなほなれとてしるへせし　古今のみちにまかせて

御帰洛の後、何等御事候う哉、そもそも御点のため三巻之をまいらせ候、歌合の分は、愚詠候う也、一向引直され、且は判の詞を載せられ給うべく候、先日古今説少々遠州より給わり候、恐悦に存じ候、委細猶注し給わるべく候、はたまた後撰・拾遺両集、御自筆を以て書写し給い候わば、殊に悦び入り候、千万麻上尽くしがたく候也、恐々謹言、（原漢文）

九月十五日　　基氏（花押）

冷泉殿

この基氏書状を『大日本史料』（六編）は貞治四年かと推定し、冷泉為秀《れいぜいためひで》に充てられたものと推測している。この書状から窺えることは、基氏が和歌の添削を歌道の大家冷泉氏にしてもらっていたこと、冷泉氏が遠江国《とうとうみのくに》（静岡県）に居た折り、古今和歌集の注釈を基氏に送ったこと、さらに御撰集・拾遺集の書写本を基氏が所望していることなどである。和歌にもかなりの興味をもっていた様子で、「勅撰作者部類」によれば、新千載和歌集に五首、新拾遺和歌集に八首、新後拾遺和歌集に三首、新続古今和歌集に一首の和歌を詠んでいる。

後年将軍義満が、京都に戻っていた義堂に、故基氏は何を好んだかと問うたのに対して義堂は、基氏は広く管弦諸技芸を好んだが、世俗の好む「村田舞楽」（田楽《でんがく》か）は生涯一度も見なかったと答え、それが政道の妨げになると基氏が考えていたからであったという（「空華日用工夫略集」永徳三年三月二十九日条）。

基氏の近習　貞治四年十月八日付の「関東御所近習連曙（署）奉加状」がある（「六波羅密寺文書」）。関東御所は基氏のことと思われ、基氏の近習二十七人が馬一疋を奉加している。顔触れをみよう（ハイフン以下は説明）。

おた筑後守知夏《ちくごのかみともなつ》—永和二年（一三七六）十二月十八日関東公方足利氏満（基氏の子）の側近として小田筑後入道性宗《しょうそう》がみえるが（「頼印大僧正行状絵詞」五）、同人か。小田氏は常陸国の武士で八田知家《はったともいえ》の後裔である。

なかさハ兵庫助家宗《ひょうごのすけいえむね》—甲斐国の中沢氏か。

かちはら右衛門尉景良《うえもんのじょうかげよし》—相模国の梶原氏と思われる。

うゑすき弾正少弼朝房《だんじょうしょうひつともふさ》—犬懸《いぬかけ》家上杉氏、氏満初期の関東管領。

きと左近将監貞範《さだのり》—康暦二年（一三八〇）六月十五日氏満軍の大将をつとめる木戸将監入道法季《ほうき》（「頼印大僧正行状絵詞」七）と同人か。木戸氏は清和源氏新田氏流。

うゑすき中務大輔朝憲《なかつかさたいふとものり》

里見殿散位師義《もろよし》—清和源氏新田氏流里見氏であろう。

三戸師景《みともろかげ》—観応元年（一三五〇）十二月基氏の供をしていた三戸七郎が同志討ちで行方不明になったとされるが（「醍醐寺報恩院所蔵古文書録乾」「太平記」巻二十九）その三戸氏と関係あるか。伊豆国三津《みと》出身か。

ゑひな前美作守季明《さきのみまさかのかみすえあき》—相模国海老名出身の小野姓横山党の海老名氏。

ひこへ散位師朝《もろとも》—至徳三年（一三八六）五月十四日京都へ行っていた二人の関東の使節が帰着するが、その一人彦部左馬助《さまのすけ》か（「頼印大僧正行状絵詞」九）。高階《たかしな》姓で、右の三戸七郎と共に同志に討たれた彦部次郎と関係あるか。

大ひら沙弥法禅《しゃみほうぜん》—『姓氏家系辞典』に関東では宇都宮氏流大平氏がみえる。

みうら下野守貞久《しもつけのかみさだひさ》—相模国出身でこの頃相模守護である三浦氏と同族であろう。

二かいたう散位行詮《ゆきあき》—貞治四年から断続的に三度鎌倉府の政所《まんどころ》執事となっている（「生田本鎌倉大日記」）。

みなミ兵庫助重祐《しげすけ》—高階姓南氏。

大かう散位重政《しげまさ》—上野国出身の大胡氏か。

大ひら修理亮惟世《しゅりのすけこれよ》

沙弥良超《りょうちょう》

沙弥浄永《じょうえい》—常陸大掾《ひたちだいじょう》高幹《たかもと》であり、貞治二年二月二日鎌倉府の使節などをつとめている（「賜蘆文庫文書二十六鹿島文書」）。常陸大掾の国香を祖とする桓武平氏。

散位師義《もろよし》—貞治四年八月信濃国凶徒退治の大将として発向した「高掃部助《かもんのすけ》師義」か（「高文書」「茂木文書」）。

散位師国《もろくに》

散位在義《ありよし》

信濃守義武《しなののかみよしたけ》—観応二年十一月東下した尊氏軍の大将の一人武田義武か（「早稲田大学所蔵文書」）。その後関東に留まったと思われる（「太平記」巻三十四）。

えひな源氏貞《うじさだ》—応安五年（一三七二）八月二十九日鎌倉府の使節をつとめている（「集古文書三十三走湯山東明寺文書」）。

藤原師章《もろあき》

源朝有《ともあり》

掃部助義重《よししげ》

みもり駿河守《するがのかみ》氏□—常陸国出身の水守（三守）氏か。

基氏の近習を網羅しているわけではなかろう。基氏の身近に勤仕する武士として、前述のように安保氏・江戸氏などもいた（両氏は入間川陣警護に勤仕している）。これらの近習は続く氏満の代にも公方側近であった可能性は高いと思われる。なお山田邦明氏は、公方の基盤として考えられるのは、軍事基盤としての奉公衆と経済基盤としての直轄領であるとされ、著書『鎌倉府と関東—中世の政治秩序と在地社会』の中でそれらを考証されている。拙著では直轄領については触れていないので、山田氏の同前書を参照されたい。

貞治五年に至る頃には関東を治める鎌倉府の存在も定着し、足利氏による関東支配の基礎は着々と固められていった。この年の十一月十日の「師守記」には次のようなことが記されている。法泉寺長老の空照房《くうしょうぼう》が来臨して師茂《もろしげ》（師守の兄）と対談し、空照が言うには、南方御合体のことについては概ね決着をみたが、将軍義詮が関東の基氏と相談したいので暫《しばら》く待つよう答えたのでひとまず閣《さしお》き、相談の結果を待つことにしたと。義詮のよき相談相手として基氏が存在していたことを知る。両者は二翼両輪のように京都と鎌倉でそれぞれの分国を治めており、関東の中心人物がいなくなれば、幕府の威力も衰えてしまうと義詮が歎いたと「太平記」（巻四十）は記す。その基氏の死は貞治六年（一三六七）四月二十六日であった。

基氏の死　貞治六年三月五日義堂は基氏に従って瑞泉寺に花をめでたが、十三日にその基氏が軽い病気にかかったと聞き、その翌日早速御所に赴き基氏を見舞った。さらに二十四日にも義堂は基氏を見舞っている。その後四月二日には基氏は御教書に判を据えた（「茂木文書」）。同じ日安藤九郎ら二十余人が殿中に召されて誅されたと「喜連川判鑑」は伝えている。何か不穏な動きを察知しての処置だったのか。

四月十五日病をおして基氏は円覚寺に赴いた。義堂は風邪気味であったが基氏の聖寿長生を祈って大蔵経《だいぞうきょう》を転読した。塔頭《たっちゅう》正続院《しょうぞくいん》で小食をとり、宝塔から仏舎利《ぶっしゃり》を出して頂礼《ちょうらい》し（頭を地につけた礼拝）、また元のように宝塔に納め封印した。一代に一度の開封であった。日を追って病状が悪くなるなか、鎌倉の諸寺は祈禱を行った。二十三日鎌倉府で泰山《たいざん》府君祭《ふくんのまつり》（陰陽道の祭祀で、人の生死を司る

図7　足利基氏像
（『古画類聚』より、東京国立博物館蔵）

泰山の神を祀る。病気などに際し臨時に行われた）が行われた。二十四日基氏は義堂を病床に召して後事を託した。基氏の病気については、二十二日（または二十一日とも）より「流布所労」（流行病）にかかり、「赤斑瘡所労」（はしか）であったと言われる（「師守記」貞治六年五月三日条）。「細川頼之記」はこのころ鎌倉に、発病後五日から十日で死に至る疫病が流行し、基氏もこれによって死んだと記す。また「難太平記」は、鎌倉のことを義詮が敵対勢力とみていると考えた基氏が、自ら死を祈り義詮に先立って自殺したとの説を載せている。

四月二十五日基氏の死期が迫ったとの知らせに御所に疾走したが、持ち直したので御所を去った義堂に、翌二十六日基氏死去が告げられた。義堂は急ぎ御所に赴いた。手で遺体をさすったところ温かかった。翌日湯灌《ゆかん》のあと義堂は、自分の着ているうすぎぬを脱いで基氏の遺体をおおった。喪事は義堂が掌り、古仏の法によって荼毘《だび》にふした。建長寺・円覚寺・寿福寺・浄智寺・浄妙寺の五山の長老に引導仏事を要請し、喪事後義堂は円覚寺の黄梅院《おうばいいん》に帰った。基氏の遺命により瑞泉寺に葬られた。

瑞泉寺の開山夢窓疎石の右に葬られ、「銅雀研」がそこに納められた（『空華集』十二）。法名玉岩道昕《ぎょくがんどうこん》、瑞泉寺殿と称される。現在基氏の木像（江戸時代の作）が瑞泉寺にあり、基氏のものと伝えられる墓塔もある（『鎌倉事典』。なお瑞泉寺にある基氏・氏満・満兼・持氏の墓塔は、一般には公開されていない）。

基氏死去の報はすみやかに京都に伝えられた。近衛道嗣は「早世す、去廿六日の事也と云々、春秋二十八、所悩五ケ日、廿六日晩陰に及び事切ると云々」（原漢文、「愚管記」）と記し、三条公忠は「去月廿六日亥剋と云々、左兵衛督基氏卿、卒去し了と云々、天下の重事これに過ぐべからざる歟」（原漢文、「後愚昧記」）と記し、中原師守は「去月廿六日申剋薨去すと云々、年二十八」（原漢文、「師守記」）と、いずれも五月三日条に記している。道嗣が翌四日に武家に使いを遣わしたところ、基氏は蘇生したとの風説がもたらされたことを聞いたが、六日にはそれは虚説と分かった。

仏事の最中に弟基氏の死を聞いた義詮は、仏事を中断して等持寺より自邸に戻った（「師守記」五月三日条）。義詮は去年（貞治五年）八月十五日に八幡宮に金縢書《きんとうしょ》（金の帯で封緘した箱に入れた書）を納めた。そこには兄弟（義詮と基氏）相譲り死すとも変わらじと誓うと書かれていたという（『訓注空華日用工夫略集』貞治六年六月十一日条）。蔭木氏によれば、「書経」周書に、周公が病気の兄の武王の身代わりにならんことを祈り、冊書《さくしょ》（天子が臣下に命令する文書）を金縢に入れた故事が記されているということ。この行為の裏には両者に嫌疑を生ぜしめる事実があったであろうと渡辺世祐氏は指摘される。

渡辺氏の義詮・基氏像は「義詮の性格を考ふるに因循姑息にして処断に乏しく佐々木高氏の如き姦臣に動かされ、彼に従ひ、此に属し、毫も定見なし。従ひて政道正しからずして其威其武を示すに至らず。唯時のまに々々勢に連れて命令を頻発せり。されば左右に動かされて時に基氏の心事を疑ひし事ありしならんも基氏は善く自己の地位に考へて終始之に対し能く義詮を扶翼したり」というものである（『関東中心足利時代之研究』）。

五月四日には武家に弔意を示す勅使が送られ、また公家雑訴《ざっそ》停止七ヵ日が決定された（「師守記」）。

基氏の死を悼む　五月二十九日義堂は、不聞の「御霊前で偈を一遍誦んで下さい」との請いに答えて、詩をつくった。

国家の礎の基氏公は、二十八歳ではかなくなられた、周の召公が善政を敷いたためでたい泉は昔のように湧き、泉源は遠く（源氏の基氏公は遠い存在となり）流れの長い（子孫繁栄）を見る（『訓註空華日用工夫略集』）。

庶民に心を向け、仁慈の行政を行い、二十八歳という若さで没した基氏を偲んで、葬儀などに際し鎌倉五山等の僧侶たちが法語を寄せた。

幕府でも基氏の死により喪に服していたが、六月九日に基氏死去後初めての評定を行い、六月十五日には等持寺において基氏四十九日仏事を修し、二十四日に至り引付を再開した（「師守記」）。

十一月十日義堂は基氏の画像を描かせ、賛を建長寺の円月に要請した。その賛の概要は、蔭木英雄氏によれば、「誰が知ろうか、寂しい千年の後に瑞泉の甘露が禅の枝に注ぐのを（足利基氏の善政が禅宗の門派を興隆させたことをいう）」であるという（『訓注空華日用工夫略集』）。

子供達　「師守記」貞治六年五月三日条に、基氏の死を書き記したあとに「子息九歳坐せらる、其外猶小児これ有り、鎌倉□□懐妊七ヵ月と云々、」（原漢文。なお「九」は「十一」らしい文字を抹消して右脇に書かれている）とみえる。九歳は長男の金王丸（のちの氏満）のことであり、その下にも子供がいた。系図類では氏満以外は掲載されていないが、「細川頼之記」は春王殿六歳、四歳の女君、去年二月に生まれた若君がいたと記す。春王は義満の幼名であり、金王の誤りであろう。なお『福島県史』（通史編1）によると、「篠川《ささがわ》太郎蔵篠川系図」に基氏の長子に「興満《おきみつ》」という男子がおり、母が基氏に背いた畠山国清の妹であったため、次男の氏満が基氏の後を継ぐことになったとされる。のちこの興満が篠川御所（後述）となったという。これによると氏満は国清の妹（基氏の正室）の子ではないことになるが、右については傍証もないので、今は基氏死去の時九歳であった男子が長子で、後の氏満と解しておきたい。「足利治乱記」（上）は、基氏の嫡女は上京し六角右京大夫の室になったと記す。

六月十七日、義堂は春屋より命じられながらこれまで固辞していた瑞泉寺兼管を受けた。これは「幼君」が政治を執り始めることを勧諭《かんゆ》することを心に決め、かつ瑞泉寺兼管のことも了承したという。九歳の幼君は義堂らに導かれながら、父基氏の後を継いだ。

この氏満継嗣のことは基氏の遺言によると「細川頼之記」は記している。上杉入道（憲顕）に氏満の扶持を託した基氏の遺言を、将軍義詮が了承しての決定であったという。ここに関東公方の、基氏から氏満への世襲が実現した。以後代々親から子へ世襲されていくことになる。このことが、関東における公方家足利氏の権威を醸成してゆくと共に、足利氏嫡系である将軍家に対する対抗意識を増長させてゆくことにもなると思われる。

説話集に登場の基氏　関東公方四代の中で唯一基氏が説話集「塵塚物語《ちりづかものがたり》」に登場している。古代から中世末に至る故事逸話六十五話を集録した「塵塚物語」は、天文《てんぶん》二十一年（一五五二）十一月成立とみられるが、作者は「藤某判」とあるのみで特定できないとされる。全六巻のうち巻一に「左馬頭基氏庖厨人《ほうちゆうにん》を宥す事」（原漢文）と題して基氏の逸話を載せる。まず基氏の人物像として「武勇たくましくして、慈悲のこゝろも人にこえ、いと正直なる生れつきなりけりと云伝へ侍る、歌道にもをさ〳〵執心せられて、おりふしハ五首十首つゝよミおきて、公家へ遣して褒貶《ほうへん》をたのまれけるといへり」と述べ、続いて基氏が美食を好んだ故に生じた庖丁人との間の鮒《ふな》料理についての出来事が綴られる。鮒をよく焼いて羹《あつもの》（熱い吸い物）にすることを命じたのに、鮒の裏側の片身が生のままであったのに怒った基氏は、庖丁人を呼び出し、日ごろの不忠心がこのような失態を犯すと叱責し、手打ちに致すべきところ今日は許しおくが、止めてよいというまで裸で縁の端でひざまずいていることを命じた。基氏が外出したので帰宅までの間執事の言葉に従い着衣していたが、帰宅した基氏はまだ裸でいる庖丁人を見て彼を許した。終日裸のままで座り続けたと思った基氏は、後日のためとは言いながらあまりに厳しい処罰をしたと心を痛め、自分の未熟を恥じ執事に対して「凡ソ我か善悪をたゝすもの汝か外ハあるまし」と諭し、適切に諸事計らうべきことを命じたが、これは「正しさの事なり、国を(領)しらんものハかく有事にや」と、国を統治する者の正しい有り方であるとして、作者は基氏の話を結んでいる。

第二章　足利氏満

1　君主教育

導誉の下向　貞治六年（一三六七）四月二十六日に基氏が死んで一ヵ月程して、京都から導誉《どうよ》（佐々木高氏《たかうじ》）が鎌倉に下向した。「関東の事成敗のためと云々」（原漢文、「後愚昧記」五月二十八日条）、「故武衛の遺跡の事等毎事執沙汰のため」（原漢文、「愚管記」五月二十九日条）、「大樹の使節として関東に下向」（原漢文、「師守記」同日条）とされる。この年七十二歳の導誉は佐々木宗氏《むねうじ》の子で、外祖父宗綱《むねつな》の子となって京極《きようごく》家の家督を継いでいた。鎌倉幕府の北条高時に仕え、高時の出家とともに彼も入道した。機を見るに敏な導誉は、建武新政府の雑訴決断所《ざつそけつだんしよ》の所衆となり、中先代の乱で尊氏と共に関東に下り、その後室町幕府の内談方《ないだんかた》・引付方頭人《ひきつけかたとうにん》・政所執事となり、近江《おうみ》・若狭《わかさ》・出雲《いずも》の守護になった。彼は高師直らと並んで婆娑羅《ばさら》大名の典型とされる。尊氏没後は義詮のもとで権勢を振るった人物である（石田善人氏「佐々木高氏」『国史大辞典』）。義詮から関東の事を執ることを命じられて鎌倉に下った導誉は、九月五日に鎌倉材木座の返付を義詮によって認められた（「佐々木文書」）。
その導誉が十月十二日には関東管領の職掌を行っている（「塙文書」）。つまり伊豆守護高坂氏重《たかさかうじしげ》に対して下地《したじ》沙汰付命令の奉書を出している。この導誉が正式に関東管領に就任していたか否かは判断できない。「師守記」によれば上洛した上杉憲顕は貞治六年七月八日夜三条西洞院大草入道宿所に宿をとったという。基氏から後事を託された憲顕が今後の事を義詮と相談するための上洛だったのか。その義詮も同貞治六年十二月七日に没した。その跡は義満が相続することになり、一旦は関東に戻っていたと思われる憲顕は氏満の名代として、義満の相続慶賀のため翌年正月二十五日に上洛した（「喜連川判鑑」）。

図８　伝上杉憲顕墓
（静岡県韮山町国清寺）

憲顕の死　京都滞在中の憲顕に武州《ぶしゅう》平一揆《へいいっき》蜂起の報が届き、彼は三月二十八日急ぎ京都をあとにし（「鹿苑寺文書」）、平一揆を武蔵国川越合戦で打ち破った。この川越合戦における市河氏への感状（戦功を賞するために出す文書）は憲顕奉書で出されており、受け取った市河氏は「かまくら殿御かんの御きようそ」つまり関東公方からの感状と認識していた（応安元年閏六月二十三日「市河文書」）。この時憲顕は関東管領の職掌を行っていた。導誉の上洛の時期は詳らかでなく、閏六月以降は施行・寄進・祈禱命令などすべて憲顕奉書で発せられたが、その憲顕もこの年応安元年九月十九日に没した。草創期の鎌倉府にとっても、また関東における上杉氏の繁栄のためにも重要な働きをして、六十三歳の死であった（「鎌倉大日記」は六十歳とする）。憲顕の死後の関東管領には能憲（憲顕の子）と朝房（憲藤《のりふじ》の子で憲顕の甥）とが並んで任じられた。従兄弟同志である二人は、幼い金王丸（延文四年〈一三五九〉生まれ。以下氏満と記す）を補佐して「両上杉」と称された（「喜連川判鑑」）。

氏満の母　貞治六年十二月十四日鎌倉府で行われた供養法会に赴いた義堂は、氏満から香扇を賜り、引き続き「清江《せいこう》夫人」に相見えた。この清江夫人に関して義堂は、日記「空華日用工夫略集」の翌応安元年九月二十九日条に、「先府主保母清江夫人逝矣」と記す。つまり清江夫人は基氏の保母であると。保母は母親に代わって子供を育てる婦人のことであろう。幼くして鎌倉に下った基氏を、京都の母に代わって育てた女性であった。「生田本鎌倉大日記」応安元年の裏書には「九・廿九・若御料御□（侍カ）介上臈御局率（卒）給フ」とみえ、幼い氏満が恃みとしていた女性つまり清江夫人が死んだことを伝えている。この上臈《じょうろう》御局《おつぼね》が、降る永和三年（一三七七）六月二十六日の祇園社文書目録（「八坂神社文書」）に、基氏の関東下向に関する「一、義詮将軍御弟関東左馬頭殿御祈事、関東御下向時御撫物被送之、上臈御局御奉行」という記述にみえる人物ともし同じだとすれば、貞和五年（一三四九）の基氏の関東下向に際し八坂神社で行われた祈禱の時に、撫物《なでもの》（穢れを除くための祈禱などに用いる身代りの人形や衣類）を奉行した局が基氏の保母としてともに関東に下向したことになろうか。推測のみで確かな彼女の素性は分からないが、自らが養育した基氏が死んだその翌年には他界してしまった。仏事は義堂が掌り、夫人の遺命をもって西御門《にしみかど》の別殿を保寿院《ほうじゅいん》と名付け、ここで七七日仏事が執り行われた。なおこの清江夫人（清江禅尼）を基氏の生母とみる解釈がある（例えば蔭木英雄氏『訓註空華日用工夫略集』）。保母という言葉に生母という意味があるか確認できず、一方で基氏の生母は赤橋登子とみられ、彼女は貞治四年五月四日に既に没している。従って今は生母という解釈はとらない。

さて氏満の母は畠山国清の妹である。鎌倉太平寺《たいへいじ》（廃寺）の中興清渓尼《せいけいに》が基氏の室で氏満の母であり、かつ永徳二年（一三八二）六月四日に寂したと伝える説があることを『鎌倉廃寺辞典』が紹介しているが、この清渓尼が国清の妹と考えられ、夫基氏の死により出家したのであろうか。義堂は日記で彼女を「太夫人《たいふじん》」と称している。太夫人には天子の生母という意味もある（『日本国語大辞典』）。

応安元年（一三六八）十二月八日氏満の母と対面した義堂は、彼女から幼い氏満を補佐して大器となさしめてほしい旨依頼された。父基氏が前年の貞治六年四月に死去した時は九歳であった氏満は、嫡子として表に立たざるを得なくなった。前述の平一揆蜂起に際しては、氏満も武州に発向し（『牛田本鎌倉大日記』）、また伯父義詮の遺骨を義堂と共に鎌倉の浄妙寺で迎えている（『空華日用工夫略集』応安元年三月十八日条）。応安元年七月以降鑁阿寺への寄進（「鑁阿寺文書」）、鶴岡右宮・武蔵国金陸寺への天下静謐祈禱命令（「大庭文書」「東京大学史料編纂所所蔵文書」）、鶴岡八幡宮への寄進（「鶴岡八幡宮文書」）等を行ったが、これらは憲顕奉書で命じられた。その憲顕も九月に没してしまい、氏満の母は義堂に幼君の教導を頼んだのであった。

応安二年正月十八日鎌倉府に赴いた義堂は氏満とその母に相見え、太夫人が「子なお幼し、国を治め家を保つこと如何」と問うたのに対して義堂は「仏を敬い僧を崇び民を恵まば、国家令せずして治まらん」（原漢文）と答えた。二年後の応安四年二月十八日に氏満と談話した際も義堂は、「およそ天下国家を治むるに、文を以てせざるは無し、先君専ら文学に勤しむ、願わくは業を継ぎ以て外護の望みに副はんことを」（原漢文）と諭し、氏満もこれに頷いたという（「空華日用工夫略集」）。父基氏を手本に政道を行うことを義堂は幼い氏満に教えた。そして氏満も義堂を深く信頼していた。

応安二年四月二十六日は基氏の三回忌、この日基氏の「真像」が瑞泉寺の開山夢窓の右脇に安置された（同前）。

元　服　応安二年十一月二十一日、十一歳になっていた鎌倉府の幼君は元服し氏満と名乗った。氏満の名乗りは、この後の慣例に照らして、将軍義満から一字「満」を与えられての命名であったと思われる。義満の元服は前年四月十日で、義満も同じく当時十一歳であった。

氏満は翌年南朝方新田氏の残党が武蔵国等へ出張したのに際し、自らも二月に武蔵国本田《ほんだ》（埼玉県川本町）に着陣し、四月中旬に鎌倉に帰った（「喜連川判鑑」）。同年六月十五日には管領上杉能憲奉書で、三嶋社に天下安全を祈らせている（「矢田部文書」）。両上杉と称され幼い氏満を補佐していた二人の関東管領のうち上杉朝房の辞任が問題になったのは応安三年八月であった。辞任の目的は上洛にあったようである。「花営三代記《かえいさんだいき》」には朝房は応安二年十月二十二日京都を発して鎌倉に下向したとみえているので、再度の上洛を望んでいたとみられる。義堂はこの件で氏満と何度か話し合い、八月十日には大方殿（氏満母）に朝房辞職を面諭せしめたりしたが、朝房の辞職と上洛の意志は固かったようだ。この結果朝房が辞職し上洛したか否かは詳らかでない。『鎌倉市史』総説編は、もう一人の管領上杉能憲や義堂の慰留によって中止されたかもしれないとみている。三年後の応安六年十一月西国鎮圧に向かう将軍の留守を守らせるため、関東管領上杉朝房を召し上せたと「足利治乱記」（上）にみえている。朝房は管領に在職し続けたのであろうか。

応安三年十一月十三日義堂を訪ねた二階堂氏（時元《ときもと》か）は、氏満が病気であったが今は平癒したと告げた。その時元に義堂は次のように語っている。およそ人は側に居るものによって「賢」ともなり「愚」ともなる。孟子の母は隣を選んで三度も居を移し、その孟子はついに孔子に次ぐ人となった。つまり近習するものはその影響力を心すべきであると（「空華日用工夫略集」）。二階堂氏は鎌倉府の政所執事の家柄であった。

貞観政要　応安五年二月十日保寿院に参詣した氏満に、当時同寺に居た義堂は「貞観政要《じょうがんせいよう》」を献上した。唐の太宗と臣下との問答や君臣の事跡を編纂したもので、為政者の参考にされた書物である。この書を読んで政治の参考にしてほしいと義堂が言ったのに対し、氏満は了承したという。そして二十六日氏満は鎌倉府に義堂を召して、書庫において「貞観政要」を講じさせた。この講義は以後も続けられている。君主となるための教育に、氏満も義堂も熱心であった。二月三十日には瑞泉寺で花見をし、氏満と義堂は一覧亭に登った。しかし氏満は花には関心を示さず、義堂に夢窓の年譜を講じさせたという（同前）。

応安六年四月二十六日は基氏の七回忌、この時義堂は氏満を夢窓の頂相《ちんぞう》（肖像画）の前に導き、師資の儀を表した。つまり師匠（夢窓）と弟子（氏満）の儀式を行ったのである。氏満は法名を義堂に下書きさせ、二十九日氏満は自ら「法名道全《どうぜん》　応安六年卯月二十六日　氏満書」と記した（同前）。

判始　応安六年は氏満十五歳、判始を行う年である。十一月六日従五位下に叙せられ、左馬頭に任じられた氏満は、十二月二十五日に判始を行った（「生田本鎌倉大日記」。彰考館本「鎌倉大日記」は叙爵《じょしゃく》・任官・判始を応安五年の項に掲げるが、誤りであろう）。なお「後愚昧記」は十一月二十五日条に故基氏御息「源満氏《ママ》」が正五位下に叙せられ、左馬頭に任じられたと記している。判始は行ったものの、氏満自身が花押を据えて発した文書はおよそ五年後から確認できる。それまでは氏満の命令はすべて管領奉書で施行されている。また氏満の評定《ひょうじょう》への出席は判始から二年後の永和元年（一三七五）六月二十五日が初めてという（「生田本鎌倉大日記」）。これらの理由は詳らかでない。関東管領能憲が永和四年四月十七日に死んでのちの同年五月二十六日の氏満御判御教書（「神田孝平氏旧蔵文書」等）

が、今のところ氏満発給文書の初見とみられる。鎌倉の鶴岡八幡宮・保寧寺《ほねいじ》等に天下安全を祈らせたものである。能憲は死の二年前病を得て管領辞職を望んだ事情があり、能憲の存命中に弟憲春《のりはる》が管領に在職していた。

吾　妻　鏡　応安七年十月二十四日保寿院で氏満と談話した時、義堂は次のように説いた。「吾妻鏡」の中に我が国は敬仏崇神の国であると説かれており、「孝経《こうきょう》」（中国の経書で孔子の弟子の作といわれ、孝道を主に論じたもの）や「貞観政要」等を講ずるのも、国家政道の助けとなるからであると。また人が五常の道（仁・義・礼・智・信の常に行うべき五つの行い）を知らなければ、君命には従わない。君命に従わざれば、則ちまつりごとは行われない。従って儒者菅原豊長《すがわらとよなが》を召して、これらを講じさせるべきである。かつまた諸寺の長老に命じて経録《きょうろく》（仏法の経典や禅語録）を講じさせれば、国家安寧は得られるであろうと。氏満はこれに同意を示した（「空華日用工夫略集」）。氏満はこの頃「吾妻鏡」を読んだであろうか。豊長は貞治年間に関東に下向し、基氏父子ら多くの人に儒書を講じたとされる人物であり、永和元年菅家長者となり上洛した（「空華集」十二）。

円覚寺炎上　応安七年十一月二十三日鎌倉山内《やまのうち》の円覚寺が炎に包まれた。宗派内の派閥の対立から生じた放火が原因とされる。西御門の報恩寺《ほうおんじ》（今は廃寺）に居た義堂は急ぎ山内に向かったが、狭い道路に人馬が充満し、円覚寺には到達できなかった。翌日御所に赴き氏満に円覚寺回禄《かいろく》のことを告げた義堂は、去延文三年正月京都の天龍寺が火事にあったあと将軍尊氏がその修造のため田地を寄進した例にならうべきことを促した（「空華日用工夫略集」）。氏満は了承し、翌年二月十七日駿河国佐野《さの》郷（静岡県裾野市）を寄進し（同前）、翌々永和二年九月二十四日には安房・上総・上野・下野国等の棟別銭《むねべつせん》各十文を造営要脚とし、また造営用の材木等の運送の便宜もはかった（「円覚寺文書」）。そして十月二十九日仏殿立柱の運びとなり、氏満もこれに臨んだ（「空華日用工夫略集」）。以後も各地に造営料所を設定し、同年十二月十九日には鎌倉に間別銭《まべつせん》一文を課し、三年の期限付で造営用脚にあてさせた（「円覚寺文書」）。

義堂の指導方針　応安七年十二月二十三日に故上杉清子の三十三回忌が瑞泉寺で行われ、氏満も赴いた。清子は尊氏・直義の母であり、氏満にとっては曾祖母にあたる。この時話が「政事《せいじ》」（まつりごとのことがら）に及び、管領上杉能憲が義堂に対し密かに政務をたすけるよう請うたが、義堂は笑って、自分の職分を越えて他人の仕事に手を出すことはしたくないと断った。管領は続けて「仏法は慈悲を以て本となす、君を輔け民を救うは、あに慈悲にあらずや」（原漢文）、即ち君主をたすけ民を救うは、仏法の慈悲の心に通じるのではないかと義堂に迫った。氏満の施政の中で義堂の存在の重要性は、鎌倉府内でも認識されていたことが分かる。以後も事あるごとに氏満は義堂と会い談話し、義堂は基氏の在りし日の様子を話し、基氏が暇な日がなかったほど禅を談じ書を講じた日々を見倣うべきであると説き続けた（「空華日用工夫略集」応安八年二月七日条）。応安八年七月十三日氏満は治国の政要を義堂に問うた。義堂はおよそ天下を治むるは文武二道なり、武は則ち治乱のみ、文は則ち為政の術なりと説き、唐の太宗の故事を語った。そして、人の上に立つ者は下を哀れみ、下たる者は上を敬うということは、学んで初めて知り得るものである。千万学を以て政治の備えとするなら幸甚であると義堂は述べた。これに対し氏満は、自分は不敏と雖もその言葉に従うことを望みますと答えた（同前）。治世初期の氏満は、彼の母の勧めによって、義堂から種々の教導を受けながら、鎌倉府の主として成長していった。

2　管領上杉能憲

重能の養子となる　能憲は憲顕の子である。憲顕の息子は七人おり、それは憲将《のりまさ》・憲賢《のりただ》・能憲・憲《のり》方《かた》・憲春・憲英《のりひで》・憲栄であり、能憲のみが名前の上の字に「憲」がついていない。系図によれば能憲は伯父重能（憲顕の父憲房が甥である重能を養子としたため憲顕の兄となった人物である）の養子になっており、養家における命名と思われる。能憲が生まれたのは元弘三年（一三三三）で父憲顕二十八歳の時である。伯父重能は足利直義の側近として、室町幕府草創期京都を中心に活躍した。直義と憲顕の信頼関係は前に記したが、憲顕が義兄重能に我が子を養子に出した時期は不明であるものの、前述のように元服前であったことは想像に難くない。この三者が深い関係にあった故と言えよう。

直義と高師直との対立が表面化した貞和四年（一三四八）、師直の強請によって重能は流罪となり、越前国で殺された。その後能憲は関東に居たと思われる。この恨みを能憲は観応二年（一三五一）二月二十六日師直を摂津国武庫川《むこがわ》（兵庫県尼崎市）で殺すことによって晴らした。

山内家の家督となる　鎌倉府において絶大なる地位を誇った憲顕は、応安元年（一三六八）九月に没した。憲顕のあとの管領に、能憲が従兄弟朝房と共に補任されたことは前述した。この時能憲は出家していた（法名道諲《どうえん》）。父の死の時能憲は憲顕の子として最年長の兄であった。憲将は貞治五年（一三六六）六月二十六日に、憲賢は観応二年七月五日に既に死去していた。父憲顕が在職した上野守護にも能憲が補任されており、正式に能憲は憲顕の後継ぎとなったとみられる。つまりこの家（上杉氏の中の山内家《やまのうちけ》、憲顕を祖とする）の家督となったのである。

山内家の祖憲顕の七回忌が応安七年九月十八日に鎌倉の報恩寺で営まれたが、氏満も入山し座禅をしている（「空華日用工夫略集」）。報恩寺は能憲の開基であり、氏満が彼らを信頼していたことが窺える。

能憲と義堂　永和二年（一三七六）三月二十九日義堂は管領能憲邸に行き、能憲の体調が少し優れぬ様子を聞いた。四月十七日にまた管領邸に赴き病を見舞い、鎌倉府に赴いて氏満に能憲の病のことを告げた。五月八日に至り能憲の病が厳しい状態となり、義堂と面談したいと言っているとの使者が到来し、義堂は慌ただしく管領邸に向かった。能憲は自らの死期の近いことを悟り、家を弟憲方に委ねたいこと、また自らが応安四年十月に開創した鎌倉の報恩寺（開山は義堂）への田地寄進を告げ、道話をするため近くに在留してほしいと頼んだ。翌日能憲は義堂に臨終用心を問うている。そして管領職を辞任したい旨氏満に伝えてほしいと義堂に依頼した。義堂は参府して能憲の管領上表《じょうひょう》の意を言上したが、氏満は許さず、また管領邸に戻りその旨を能憲に伝えた。

翌十日重ねて能憲の管領職辞退の意を伝えた義堂に対して氏満は、管領職は本来京都幕府の管掌事項であり、自分が免職を専決することはできない。まず幕府に言上してその処置を待つようにと述べた。この事を能憲に伝えると、能憲はほっとした様子をみせた。居合わせた人は皆、重職を脱するを以て病いは自ずから除かれるであろう、と感想をもらした。五月十三日義堂は管領邸に入り、幕府に辞職を申請することを能憲に確認し、参府して氏満に正式に申し出、ここに辞職の手続きが整った。

以上の能憲の病のことを記す「空華日用工夫略集」によれば、能憲の病は「領《りょう》」「領病」とみえる。「領」はうなじ・えり等の意味があるが、「領病」は辞書等にみえない。もし「霊病《りょうびょう》」のことであれば、不思議な病気、生霊・死霊等が取り付いてなる病気と『日本国語大辞典』にみえる。「頼印大僧正行状絵詞」によると、永和二年三月二十五日能憲が俄に発病し、四月八日に至り病気難儀により、管領邸での加持祈禱が頼印に依頼され、頼印は同邸に赴き普賢延命《ふげんえんめい》の護摩を修した。その理由は去春頃に人魂が屋外へ出るのを皆がみており、この秘法には殊に招魂の誓があるによって修したところ、十日酉の刻にまさしく人魂が還り来り寝所に入ったという。のち再発した能憲の病を治すため六月二十五日より頼印は管領邸に移り、不動愛染を修した。

ところが八月十八日氏満の召しによって参府した義堂に、氏満は能憲の管領職への復帰を命じた。義堂は抗議したが、やむを得ず管領邸に向かい、氏満の命と京都管領からの書状を能憲に示した。翌十九日再度氏満の召しで参府し、能憲復職の命を受けて管領邸に赴いた義堂は、氏満の忝《かたじけ》ない意向を汲むべきことを能憲に説き、二十一日能憲は復職した。これで能憲の管領辞職騒動はおさまり、九月二十四日には管領奉書に花押を据えている（「円覚寺文書」）。義堂と能憲との親交は深かったと言えよう。

能憲譲状　永和四年四月十一日能憲は弟憲方にあてて譲状《ゆずりじょう》を認めた（「上杉家文書」）。それによると山内家の家督相続は二年前の永和二年五月八日、能憲が相伝文書《そうでんもんじょ》を添えて所帯等（財産）を憲方に譲っていたのである。上野守護については憲顕のあと能憲がなったが、応安四年閏三月二十九日（「我覚院文書」）と永和二年九月二十四日（「円覚寺文書」）には憲春（能憲弟）の上野守護在職がみとめられる（『室町幕府守護制度の研究』上）。しかしこの永和四年四月の段階で、家督分たるべしとして憲方に譲ったのである。憲春は能憲のあと（一時期能憲と重なるか）関東管領になっているが、憲春は山内家の家督ではなかった。能憲はこの譲状を書いた六日後に死去した。

能憲の死　永和四年四月九日義堂は湯治のため伊豆国熱海（静岡県熱海市）の広済庵《こうさいあん》に赴いた。義堂が初めて熱海を訪れたのは応安七年（一三七四）二月のことで、その時二ヵ月近く逗留した。義堂は広済庵という接待庵で知友と詩会を開いたりしていた。接待とは街道を往来する旅人に湯茶や食事を振る舞うことであるが、実際には接待庵は主に禅僧等行脚を続ける僧侶のための施設であったという（『静岡県史』通史編2）。その後義堂は度々湯治のため熱海を訪れた。

永和四年四月十七日能憲の急死を知らせる一書が熱海に滞在中の義堂に届けられた。「今日巳刻、管領上杉兵部敬堂道謹居士逝去、年四十六」と記されており、義堂は急ぎ駕籠で鎌倉に帰り能憲邸に入った。遺体は柔和で美しく生けるが如くであったという。能憲の弟である憲方は、義堂の到着を待って喪事を行うことを決め彼を待っていた。十八日以降の仏事は報恩寺で常の如くに営まれ、荼毘の後遺骨は客殿に安置され、二十日夜氏満が焼香に訪れた。

右の能憲の死を「喜連川判鑑」は永和三年四月十七日とするが、それは同四年の誤りであろうが、能憲の後に彼の弟憲春が管領となったと記している。その時期は特定できないが、永和二年四月十六日憲春は既に管領としての奉書を発している（「円覚寺文書」）。前に記した永和二年夏の能憲の病気と関係があるのであろうか。以後憲春の活躍が目立つ。能憲には男子がいないらしく、甥憲孝《のりたか》（憲方の子）を猶子としていたが（「空華日用工夫略集」）、能憲死去の時の憲孝はまだ幼く、能憲の後をすぐ継ぐことはなかった。前述のように憲春は山内家の家督ではなかったが、上野守護も「別儀」を以て補せられており、また関東管領にもなったのであるが、その憲春の死は間もなくしかも突然やってくることになる。

3　氏満の野心

康暦の政変　康暦元年（一三七九）二十一歳の青年になっていた氏満は、京都における管領交替事件に首をはさんだのである。この年京都では管領細川頼之《よりゆき》と前管領越中守護斯波義将《よしゆき》との対立が表面化し、将軍義満の決断によって、頼之が管領を辞し義将が再度管領に任じられるという政変が起こった。康暦の政変と言われる事件である。義将が二月二十五日に入洛し（「迎陽記」）、細川派と対峙しながら義満と折衝を重ねていた三月初めころ、鎌倉で管領憲春が自害するという事件が起こった。「迎陽記」三月七日条に次のように記されている。「後聞く、今日関東管領上杉自害す、其故を知らず、或は鬱憤有り、或は犯乱なすと云々」（原漢文）と。東坊城（菅原）秀長が、積もった怒りの故か、または犯乱の故か理由は分からないと記したこの憲春の死は、氏満が企てた反幕行動に対する諫死《かんし》であり、あらかじめ将軍義満の内書《ないしょ》を得ていた憲春が、氏満の行為を止め得なかったため引責死を遂げたとされる（「上杉系図大概」「南方紀伝」）。この時義満は諸将に土岐《とき》討伐を命じ、その旨が鎌倉にも伝えられていた。それに応じる形で氏満が上杉憲方を大将として関東軍を上洛させたのは三月十一日以降である（「空華日用工夫略集」）。氏満のこの行為は、将軍から援軍を求められた機会を利用して、逆に将軍を討とうとした氏満の野心の表れと解されており、さらに斯波派があらかじめ連絡して氏満を誘ったのではないかとの推測もある（『南北朝の動乱』）。「足利治乱記」（上）は氏満の近臣三浦左京亮満忠《みつただ》なる人物が、氏満に「種々非理ヲ以テ逆心ヲ進」めたと伝えている。また「鎌倉大草紙」は、「京都の動闘に付而内々すゝめ申人ありけるにや、鎌倉殿思召たつ事有」と氏満決起の経緯を記す。渡辺世祐氏は次のように解しておられる。氏満は父基氏にも劣らざる才発の性質をもち、関東の諸侯も皆氏満の命に従ったので、氏満は自ら驕《おご》り、京都に上り義満に替りて将軍たらんとする野望を抱いたと（『関東中心足利時代之研究』）。氏満に将軍を討ちそれに替わろうとの野心が本当にあったか否か知ることはできないが、管領の死をかけての諫めがあった事実は、何か不穏な動きが氏満にあったことを推測させる。この事件に対する義堂の反応を知りたいところであるが、義堂はそれを日記に記していない。氏満の野心が事実なら、義堂の教えに背いて武力行使を企てた氏満の行動は、義堂を失望させたのではなかろうか。義堂の教えに従っていたかにみえた氏満が豹変したともみえるこの行動の背景に、氏満を野心にかきたてる側近の存在を、先の「足利治乱記」等の記述は示唆しているのかもしれない。

憲春の死が原因で、氏満逆心の風説が京都に流れた。氏満は将軍に対して野心のない旨の自筆告文《こうもん》を送り、義満の許しを得たという（「鎌倉大草紙」）。ちなみに永和五年の康暦元年への改元は三月二十二日であるが、鎌倉府では閏四月十三日にも「永和」を用いていた（「鶴岡八幡宮文書」）。改元を無視することで京都幕府に抵抗しようとする当時の氏満の心を反映しているとも言えようか。

頼印の修法　この年は「頼印大僧正行状絵詞」によると、氏満の「重厄《じゅうやく》」の年に当たるという。

氏満は当年二十一歳である。一般的厄年について「拾介抄」は、十三・二十五・三十七・四十九・六十一・八十五・九十九歳（男女別なし）とするが、全般的にはかなりまちまちであり、男子の場合二十五歳が入っている場合が多い（『古事類苑』方技部）。氏満の享年は後述のように三十八・四十（本書はこれを採用）・四十二・四十三歳と史料によって異なるが、いずれの場合も康暦元年当時は二十五歳ではない。

氏満は頼印を殿中に招いて、四月二十八日から一字金輪法《いちじこんりんのほう》を行わせた。「是ゾ護持僧《ごじぞう》ノ御祈禱ハジメナリ」とされる。降って至徳二年（一三八五）にも氏満が重厄に当たるとして、殿中では頼印によって仁王経が修せられたという（「頼印大僧正行状絵詞」）。

義満と氏満　康暦二年二月十八日氏満は左兵衛督従四位下に任じられた。同じころ報恩寺の義堂に対して、建仁寺《けんにんじ》住持となるため上洛せよとの幕府からの命令が届いた。二月十四日には大方殿が義堂を訪れ、出世はまことに喜ばしいが、別離は何とも残念だと涙ながらに告げた。しかし義堂は三月三日には上洛の途につき、氏満は餞別に馬二疋を贈った。そして三月十七日義堂は入洛し、以後義満の厚い帰依を得た義堂は、建仁寺・南禅寺《なんぜんじ》の住持となり、世にも重んじられた。

さて帰京後の義堂にもたらされる鎌倉府からの知らせは、「鎌倉殿幷管領上杉書」（「空華日用工夫略集」永徳二年十月十一日条）とか「鎌倉殿 洎《および》管領二書」（同前、永徳四年三月二十七日条）等のように、関東公方氏満と関東管領上杉憲方（康暦元年四月十五日義満から関東管領補任の御教書を得ている〈「上杉家文書」〉。法名道合《どうごう》）の書がセットになっている場合がほとんどである。その内容を義堂は折に触れて義満や幕府の管領に話している。康暦の政変に際し氏満の叛意が噂されたあとでもあり、氏満は義堂を通して義満に意を伝え、その際は関東管領の副状《そえじょう》を共に届けることが条件とされていたのかもしれない。

再三氏満の叛意について問う義満に対し義堂は、世間の流言を決して信じないよう答えている（同前、永徳元年十一月七日条等）。永徳三年八月七日にも義満と二人になった時義堂は、東西両府の和睦が天下の安全である、故に小人の讒言を聴くなかれと説いたが、この時は氏満が密かに瑞泉寺に隠居するという説を義満が怪しんでの危惧があったという（同前）。

嘉慶二年（一三八八）四月四日六十四歳で義堂周信が没した。数ヵ月後義満は富士山見物のため駿河国に下向した。この富士山下向には、義満に対抗心を抱いていた氏満への牽制という意味が込められていたとみられる（『静岡県史』通史編2）。犬猿の間柄とみられていた氏満と義満であったが（「臥雲日件録抜尤」康正二年八月二十四日条）、この二人の時期に、義満によって鎌倉府の陸奥・出羽両国併管が認められている。「喜連川判鑑」によれば、明徳《めいとく》二年（一三九一）二月であり、翌三年正月十一日には氏満が陸奥の結城白河《ゆうきしらかわ》氏に対して、「陸奥《むつ》・出羽《でわ》両国の事、沙汰致すべきの由、仰せ下さるる所也」（原漢文）として、鎌倉への参上を命じた（「結城小峯文書」）。この鎌倉府による両国併管を義満が認めた背景には、康暦二年（一三八〇）に勃発した小山氏の反乱があったと考えられる。

小山氏の反乱　この乱は下野国の豪族小山義政《よしまさ》が吉野方と号し逆心したので、同国豪族宇都宮基綱《もとつな》が退治しようとしたためとも（「鎌倉大草紙」）、両者が領土を接する故の私闘が原因であるともされる（『関東中心足利時代之研究』）。両者の確執を制止させようとした氏満の命を無視して、義政が基綱の在所を攻め、この時基綱が討ち死にした。氏満から六月一日付で関東八ヵ国に義政討伐のための軍勢催促が発せられた（「迎陽記」康暦二年六月十六日条）。本間・茂木・別符氏に充てられた軍勢催促の氏満御教書が伝わる（「本間文書」「茂木文書」「別符文書」）。小山義政討伐のことを告げる関東使節が七月十四日に京都に到着した（「花営三代記」）。義政は一旦は降参の意を表したが、これが偽りであったとして再征を受け、家を子若犬丸《わかいぬまる》に継がせ、義政自身は逃亡した。

康暦三年正月十七日氏満は願文を鶴岡八幡宮本地供堂に納め、凶徒退散等を祈願した（「鶴岡八幡宮文書」）。同年末には陣中に頼印を招き如法愛染法を行わせ、その後敵が没落したのは法験《ほうげん》（仏法の霊験）の至りであると氏満は感じ入ったという。そして翌年正月十七日氏満は頼印を雪下新宮《いまみや》別当に還補した。降って永徳四年（一三八四）二月二日頼印を敬信するあまり護身法を受けたという（「頼印大僧正行状絵詞」）。

さて永徳二年四月十三日義政は討伐され、出陣していた氏満は五月一日鎌倉に帰った（「生田本鎌倉大日記」）。若犬丸がその後陸奥国の田村氏を頼みに再挙したのは至徳三年（一三八六）五月であった。若犬丸は小山（栃木県小山市）に籠城して氏満軍に対抗し、氏満も自ら出陣したが、若犬丸を援助する関東武士もいて攻防が長引き、その後若犬丸が常陸国の男体城《なんたいじょう》（茨城県岩間町）に走ったため、嘉慶元年（一三八七）七月に同城を陥れたものの、若犬丸は陸奥国の田村氏のもとへと逃れた。氏満による小山征伐が決着したのは応永三年（一三九六）二月である。氏満は陸奥国白河（福島県白河市）まで陣を進め田村軍を破り、七月鎌倉に凱旋した。同国会津《あいづ》に逃れた若犬丸は翌応永四年正月十五日自殺した。実に氏満への反逆に徹した人生であった。

十七年にも及ぶこの小山氏の反乱は、若犬丸の代にはその大部分が陸奥国の田村氏の援護によるものであった。鎌倉府から追討をうけた関東武士が、鎌倉府管轄外の陸奥国に逃れ、そこの武士の支援のもと勢を立て直し再度反乱を起こすという事態をみて、幕府から遠隔地にある奥羽を鎌倉府の管轄下に入れることが、幕府と鎌倉府との間で話し合われたのかもしれない。両者の信頼関係に基づくと思われる鎌倉府の奥羽併管が実現したのは、幕府と鎌倉府との協調関係の維持に心を配り、両者の和平こそが天下の平安と考え、義満の氏満への疑念を消す心遣いをし続けた義堂の存在は大きかったであろう。また渡辺世祐氏は、幕府の命を伝承して奥羽の諸氏を指揮するに足る士が奥羽にいなかったことも指摘しておられる（『関東中心足利時代之研究』）。応永四年五月二十一日氏満は陸奥国内で合戦を起こした諸士を、岩城《いわき》左京大夫に命じて退治させた（「相馬文書」）。

氏満期は確立期　幼い氏満を補佐した上杉能憲（山内家）・朝房（犬懸家）、そしてその後を継いだ山内家の憲春・憲方と、関東管領は上杉氏が独占した。憲方は康暦元年の憲春諫死後管領となり、永徳二年に一時辞任したが（『喜連川判鑑』）、復職後も病いにより明徳三年（一三九二）四月には子憲孝（一時能憲の猶子となった人物）を名代となし、応永元年（一三九四）十月二十四日に死去した。憲孝も病を得て同年十二月三日管領を辞した（同前）。そしてそのあと関東管領になったのは上杉朝宗《ともむね》であった。朝宗は応安期の管領朝房の弟で、犬懸家である。犬懸家からの登用は約二十年ぶりである。朝房のあと山内家が続いていた管領職に犬懸家からの登用を決めたのは氏満自身と推測でき、この後表面化する山内家と将軍家との密接な結び付きのきざしを感じ取った氏満の処置であったかもしれない。氏満が主導権を発揮しての施政が推測できる。

政所執事は貞治期以降二階堂氏が独占するが、二人から四人が再任・三任される回り持ちの状況を呈している（『乱世の鎌倉』）。二階堂氏の内部事情によるものか、権力を固定化させないための氏満の方針だったのか、答えは得られない。

検断を掌る侍《さむらいどころ》所の存在は、康永元年（一三四二）の「千葉侍所」（「金沢文庫文書」）とみえるのが古く、また問注所《もんちゅうしょ》は貞治六年（一三六七）以後存在が知られ、文書を検し正偽を判別し、一部の訴訟に携わったのであろう。

評定衆については、「喜連川判鑑」によると永和元年（一三七五）以降「評定場」とみえ、室町時代成立の「鎌倉年中行事」には「評定衆」「評定奉行《ぶぎょう》」等とみえるが、彼らが評定場で合議したのであろう。引付衆は裁判に携わる面々であるが、その頭人としては永和四年（一三七八）の長井掃部頭《かもんのかみ》入道道広《どうこう》が古い（「喜連川判鑑」）。鎌倉府にはいわゆる引付頭人奉書は存在せず、裁決結果は公方の御教書・管領奉書等で発せられた。そして完全な裁判権を得たのは氏満期以降と認められる（『乱世の鎌倉』）。

諸奉行については、越訴《おっそ》奉行・評定奉行・御所奉行・陣奉行・社家奉行・鶴岡総奉行・禅律奉行・箱根奉行・造営奉行・椀飯《おうばん》奉行等が認められるという（『関東中心足利時代之研究』）。これら諸奉行が何時頃から存在したかは明らかでない。諸奉行の選出母体と推測される奉行人層の組織化が何時頃行われたかを、公方の命を奉じて文書を出す鎌倉府の奉行人と、守護に代わって遵行を命じられる使節（両使遵行）、および御所奉行の存在を手懸かりにみてみると、奉行人の存在が認められるのは氏満前期以降のことである（『乱世の鎌倉』）。南北朝後半期氏満の使者となったり、文書発給に関わったりしている人物を「頼印大僧正行状絵詞」から拾ってみると、小田筑後入道性宗・梶原美作入道道景《どうけい》・梶原備中守《びっちゅうのかみ》・問注所浄善《じょうぜん》・二階堂式部大夫入道友政《ゆうせい》・二階堂安芸守《あきのかみ》・佐々木近江守基清《もときよ》・小田氏《うじ》家《いえ》・信濃豊前《ぶぜん》入道信皓《しんこう》・布施《ふせ》入道得悦《とくえつ》・清式部《せいしきぶ》入道・三浦次郎左衛門尉《さえもんのじょう》・彦部左馬助等が認められる。また文書類から壱岐《いき》氏・雑賀《さいが》氏が認められ、また応永四年頃公方御代官明石《あかし》章行《あきゆき》がいた（「鶴岡事書案」）。氏満期に分国内の中小武士の中から公方を取り巻く奉行の衆も組織され、彼らは公方の軍事上の担い手ともなったであろう。

一方関東の雄族が関東八家という形で鎌倉府内に位置付けられたのは、氏満の死の直後らしい

（「足利治乱記」。「佐竹系譜事蹟略」は応永六年とする）。氏満期に関東雄族の存在が意識され、公方を中心に収斂される傾向があったのかもしれない。幕府の体制に準じて、関東では鎌倉殿を将軍と崇め上杉を管領として、千葉・小山・長沼・結城・佐竹・小田・宇都宮・那須をもって関東八家と号し、面々の評定により事を決する。幕府の命に背くことも生じ、「天下ニ両将軍アルカ如シ」であると「足利治乱記」（上）は記す。実力をつけた鎌倉府が幕府から独立する傾向をみせつつあったと言えようか。これら雄族には屋形号と朱の采幣（采配）が免許されたといわれ（「佐竹系譜事蹟略」）、関東公方を頂点とする支配体制維持のため、彼らを特別扱いすることによって掌握しようとしたのであろう。

4　氏満の死

改　判　氏満は二十三歳の永徳元年（一三八一）花押を改めた。この年正月十七日氏満が鶴岡八幡宮に納めた願文の花押は応安六年の判始以来のものであるが、九月十四日の鶴岡八幡宮寺への寄進状は新しい花押である。新花押は父基氏の花押と同類型で中央部の斜線が基氏のものより一本多いものである（一〇八頁参照）。「生田本鎌倉大日記」は五月に新花押の所見があるとしているが、管見にはない。丁度小山討伐に腐心していた時期にあたる。

大般若経の開版　時も同じ頃永徳元年六月氏満は大般若経巻三七一を開版した。円覚寺に所蔵されている大般若経であるが、氏満は他にも永徳二年正月に巻三八一を、同年六月に巻三九一を開版している（貫達人氏「円覚寺蔵大般若経刊記等について」）。巻三九一にみえる「源寿王丸《じゅおうまる》」は当時五歳の満兼（氏満の子）の幼名であろうか（但し「足利家譜」は満兼の幼名を、父氏満と同じ金王丸とする）。因に円覚寺所蔵の嘉慶三年（一三八九）五月の巻四二七にも源寿王丸がみえ、満兼なら十二歳であり、「左兵衛督源朝臣満兼」として巻四八七を開版したのは、応永八年（一四〇一）十二月である。また至徳二年（一三八五）二月十六日の氏満筆般若心経（紺紙金泥）も伝わる（根津嘉一郎氏所蔵）。

なお永正七年（一五一〇）「王正吉日《(ママ)》」の海蔵寺修造勧進状（「海蔵寺文書」）によると、同寺は上杉氏定が「永安寺殿璧山公御代応永元年甲戌閏月《(ママ)》」に氏満の命を奉って建立したという。また氏満の父基氏が愛蔵していた銅雀研のことは前に触れたが、氏満もまた瑞泉寺等に住した古天周誓《こてんしゅうせい》より銅雀台図一幅を贈られ、宝物としたという（「空華集」十八）。

父の菩提を弔う　氏満は父基氏の菩提を弔うため諸寺に寄進を行った。永徳二年十月二十九日に鎌倉の別願寺へ（「別願寺文書」）、至徳元年（一三八四）閏九月三日に相模国懐嶋《ふところじま》勝福寺《しょうふくじ》光明院《こうみょういん》（神奈川県茅ヶ崎市）へ（「相模文書」）、そして尊氏・基氏の菩提を弔うための浜名《はまな》政信《まさのぶ》による円覚寺大義《だいぎ》庵《あん》への同二年十一月六日の寄進を、同年十二月二十六日氏満が追寄進している（「雲頂庵文書」「相州文書所収続燈庵文書」）。また氏満は足利直義の三十三回仏事も営んだと思われる（永徳三年三月二十六日氏満御教書「東京大学史料編纂所所蔵文書」）。

図9　足利氏満像
（『古画類聚』より、東京国立博物館蔵）

至徳三年十一月十三日氏満は「鶴岡八幡宮社内并近所」に禁制を定めた（『鶴岡八幡宮文書』）。貞治年中に定め置かれたが近年守られていないようだと記されているが、これは前述した貞治元年十二月二十七日に基氏が発した禁制を指している。鎌倉府の主として父基氏のあとを確実に継いでいると言えよう。康応《こうおう》元年（一三八九）十二月二十一日鶴岡八幡社の鐘を氏満が鋳造したとも伝えられている（『本朝通鑑』十二）。

氏満の死

「応永五年の秋の比より左兵衛督氏満公御不例ましく〳〵、漸々重くならせ給ひしかば、御内《みうち》外様《とざま》の人々大になげきたてまつり、名医の聞えこれあるをは、千里をも遠しとせず招き請じて、薬をもとめ、さま〳〵治療をつくさるゝといへども、天年の限り極まりけるにや、つゐに効験を告る色もなし、氏満すなハち管領朝宗入道をめして、国政静治の事こま〳〵と仰せ含められ、同じき十一月四日世間有待の習ひに委せて、人生無常の道におもむき給ふ」云々と「鎌倉管領九代記」（二）にみえるように（『大日本史料』七編三）、応永五年（一三九八）十一月四日氏満は死んだ。四十歳であった（「師守記」「喜連川判鑑」等。なお「鎌倉大草紙」は四十二歳、「鎌倉管領九代記」は三十八歳、「臥雲日件録抜尤」文安五年八月十九日条には四十三歳とみえる）。当時左兵衛督従四位下であり、父基氏のように公卿にはなれなかった（「喜連川判鑑」は明徳三年三月従三位に叙せられたと記すが、「公卿補任」にはみえない）。官位の昇進には将軍の推挙が必要とみれば、基氏が二十五歳で従三位《じゅさんみ》に叙せられたのに比べると、やはり将軍義満との信頼関係の程度が反映されていると言えようか。

死去の日から七日間鶴岡八幡宮は「八脚之門」を閉じた。「同町幷土蔵一七ケ日閉之」と「鶴岡事書案」は鎌倉の様子を伝えている。遺体は鎌倉の永安寺《ようあんじ》（瑞泉寺の近くにあり、のち瑞泉寺の塔頭となる。今は廃寺）に葬られ、法名を璧山道全と号し、永安寺殿と称される。なお現在氏満の遺骨が基氏のそれと共に浄光明寺に分骨されているが（『鎌倉事典』）、氏満の子満兼が応永六年十月三日に納めたものである（「浄光明寺文書」）。現在瑞泉寺に、基氏と並んで氏満の木像（江戸時代の作）があり、氏満のものと伝えられる墓塔もある（『鎌倉事典』）。氏満死去の報は十三日に京都に届き、朝廷では雑訴が七ヵ日停止された（「迎陽記」）。

九歳で鎌倉府の主となって以来三十一年に及ぶ氏満の治世は、歴代最長である。氏満の時期に管轄国も安定かつ増大し、完全な裁判権を取得し、さらに鎌倉府内の組織化も進められたと推測され、鎌倉府の歴史の中では確立期と位置付けることができよう。鎌倉府が室町幕府の一地方機関であることを考えると、幕府は鎌倉府の行った関東平定（南朝方余党の退治、反乱者の討伐等）の功を多とし、鎌倉府の関東における存在を確かなものとさせたとみることができよう。その陰で関東公方の将軍に対する対抗心が生じつつあった。しかしこの時期は、鎌倉府と幕府の対立を避けようと努力した義堂周信の存在や、氏満を諫めて死んだ山内上杉氏の存在などにより、両者の関係は最悪の状態には至らなかった。

子供達　系図類によると氏満の子供達は左のようである。

氏満
- 満兼
- 満直
- 満隆
- 満貞
- 満季（満秀）
- 女子

氏満のあと関東公方となったのは満兼《みつかね》である。世襲は当然のこととなっていたと思われる。父氏満が死去した時満兼はすでに二十一歳であった。そして満兼の弟達もこの後の関東の政治に大きく関わってくる。彼らの母、つまり氏満室については系図類に記載がなく不明である。満兼が生まれたのは永和四年、幼名も父氏満と同じ金王丸とされるが、寿王丸の可能性があることは前述した。氏満の子息が元服時に将軍義満の名の一字「満」を与えられて命名されたことは想像に難くないが、満兼をはじめ彼らの元服の時期については史料が得られない。満兼がもし寿王丸であるならば、十二歳の嘉慶三年五月には未だ元服していないことは前に触れた。

第三章　足利満兼

1　奥羽支配

弟二人を陸奥に派遣　応永五年（一三九八）十一月四日の父氏満の死により、氏満長子で当時二十一歳の左馬頭従五位下満兼が家督を継ぎ、関東公方となった。補佐した関東管領は、氏満を補佐していた上杉朝宗（犬懸家）である。満兼発給文書の初見は、応永五年十二月二十五日鶴岡八幡宮寺に陸奥国石河荘内石河大寺安芸入道跡地を、天下安全・武運長久祈禱のため寄進したものである（「鶴岡八幡宮文書」）。同日付で管領上杉朝宗の施行状も出されている（「神田孝平氏旧蔵文書」）。

翌六年の春満兼が早速手掛けたことは、分国奥羽を固めるため代官として弟二人を陸奥国に派遣したことである。「鎌倉大草紙」によれば、「応永六年春より陸奥出羽両国のかためとして、鎌倉殿御弟満貞《みつさだ》・満直《みつなお》二人御下向、稲村《いなむら》・篠川《ささがわ》両所に御座」とあり、満貞が稲村に満直が篠川に下向した。従って満貞を稲村御所、満直を篠川御所と称する。稲村は現在の福島県須賀川市内にあり、篠川は同県郡山市内にある。奥羽二国を統治するにはあまりに南にすぎる。しかしこれが鎌倉府の奥羽支配の実態と考えられる。北部には伊達《だて》・大崎《おおさき》氏らの勢力が広がっており、鎌倉府の主足利氏の勢力が入り得るのは、この南奥の地が限界であった。

満直は系図によると満兼のすぐ下の弟（氏満二男）で、満貞はその次ぎの次ぎの弟（氏満四男）である。系図の多くが満直を稲村御所とし満貞を篠川御所と記しているが、『福島県史』（通史編1）によってその逆と正された。稲村・篠川へ弟達を派遣したあと、満兼は自らも同年七月二十八日陸奥・出羽両国巡行と称して鎌倉を立ち、まず陸奥国の白川に赴き、その後稲村に逗留し、鎌倉に帰ったのは十一月であった（「喜連川判鑑」）。

基氏の追善供養をする　祖父基氏の三十三回忌にあたる応永六年四月、満兼は和歌山県の高野山一心院に諷誦文《ふうじゅもん》（死者の追善供養のため捧げる文章）を捧げた（「高野山文書」）。そこには相見えたことのない祖父への追慕の情が窺える。父氏満から祖父基氏のことを聞きながら成長した満兼の心情であろうか。満兼が何故高野山に諷誦文を捧げたのかは分からないが、満兼が京都方面に目を向けているのは、次の史料でも窺える。

応永六年七月二十五日満兼は南都衆徒中（興福寺《こうふくじ》）に対して、「大命を奉じて暴乱を討ち、まさに国を鎮め民を安んぜしめんとす」（原漢文）として、馳せ参じて忠節することを催促している（「寺門事条々聞書」）。これは関東まで馳せ参ぜよというのではなく、満兼の味方として立ってくれとの意とみると、四ヵ月後に満兼が参画した反幕行為の準備であったとみられる。後述しよう。

同年十月三日満兼は祖父基氏と父氏満の遺骨一分を浄光明寺《じょうこうみょうじ》に納めた（「浄光明寺文書」）。趣意は煩悩苦悩を脱し仏果を得ることを祈らせようとしたのである。

2　満兼の野望

大内義弘の反乱　大内義弘《おおうちよしひろ》が足利義満に反した事件は応永六年十一月に起こり、応永の乱と呼ばれる。義弘は当時周防（山口県）・長門《ながと》（同前）・石見《いわみ》（島根県）・豊前（大分・福岡県）・和泉《いずみ》（大阪府）・紀伊《きい》（和歌山県）六ヵ国の守護職を兼帯し、有力外様として大きな勢力をもっていた。この大内氏の存在は、義満の考える将軍集権体制（応永元年義満は将軍職を子義持に譲っていたが、実権は義満が握り続けた）の確立に大きな障害であった。義弘は溯る明徳三年（一三九二）の南北両朝講和を周旋して中央の威望を高め、今川了俊の九州探題《たんだい》解任後は九州地方の実力者として海外貿易も推進し、「義弘の対外的な地位と実力が上がれば上がるほど、義満にとって危険な存在」となっており、応永の乱は義満の謀略と挑発によってひき起こされた（『南北朝の動乱』）。
これより先義満は義弘に上洛を命じた。これに応じて本国周防から十月和泉国堺（堺市）に到着した義弘は、すぐには上洛せず堺に止まっていたため、謀反の噂が流れた。義満は絶海中津《ぜっかいちゅうしん》を遣わして義弘の意志をたださせたところ、義弘は謀反の意志を明らかにした。ここに管領を中心とした幕府の大内討伐軍が組織され、十一月二十九日幕府軍と大内軍は堺城で激突した。わずか二十日余り後の十二月二十一日、義弘の籠もる堺城は陥ち、義弘は討ち死にした。義弘の弟弘茂《ひろもち》が義満に降り、大内氏の反乱は終結した。

満兼の参画　応永六年十月二十七日満兼は児玉孫八に対して、次のような軍勢催促の御教書を出していた。

天下の事に就き、諸国に子細申し付け候、現行の事候条、早々馳せ参じ、忠節致すべく候、仍って状件の如し、（原漢文）

（「萩藩閥閲録」十七。なお同書十九には同日付で児玉次郎允のものもある）

つまり「天下事」を標榜して諸国に手を打っていたことを窺わせる。前述した陸奥国への満兼の巡行も、この乱にそなえて同国の諸士を誘うためのものであったという解釈がある（『福島県史』通史編1）。満兼自身の京都への発向のことを、十月二十八日付で大内義弘は書状に記している（「寺門事条々聞書」）。それは義弘が南都学呂中（興福寺）に充てたもので、「鎌倉御所京都へ御発向候、忠節致されば、目出べく候」（原漢文）と、満兼へ味方することを促している。先に興福寺に充てた満兼の御教書を紹介したが、満兼の天下平定の野望は、予め大内義弘と通じていたことを想像させる。「喜連川判鑑」は「十一月二十一日、京都へ御加勢ノタメ、満兼武州府中へ御発向、実ハ大内義弘・土岐《とき》詮直《あきなお》等ト内通有テ、京都ヲ攻ント議ス」と記している。表向きは幕府応援のためであるが、実は反乱者大内氏と示し合わせていたという。義弘は以前から反逆の志をもち、氏満の晩年に彼と謀って事を起こそうとしたが、氏満が死んだため満兼と結んだとされ、満兼も義満の政治が人心を離れているので、いま天下を自分の手におさめて足利氏の天下を維持せんとの野望をもって、天命により将軍に取って替わろうとしたとみられる（「難太平記」）。渡辺世祐氏は、満兼が自己の地位や兵力を認識せず、鎌倉府の主に甘んぜず、井蛙《せいあ》の見を以て鎌倉府の勢力を過信した軽率な行動であったと解しておられる（『関東中心足利時代之研究』）。

あっけない大内義弘の敗北により、満兼は武蔵国より西へ兵を進めるに至らなかったが、この関東軍出兵の巷説に驚いた義満は、関東の上杉憲定《のりさだ》（山内家）に書を送って事情を尋ねた。憲定は心配ない旨返事をした（十二月二日「上杉家文書」）。しかしなお武蔵国に在陣し続ける満兼を憲定は諫言している（応永七年六月十五日「三嶋大社文書」）。この時憲定は関東管領ではない。山内家の家督として京都の義満と交わりがあったことを知る。応永七年正月十八日義満はこの憲定に書を送り、今川了俊が関東へ没落したとの情報があるが、「不思議の荒説」が真実ならば了俊を追討するよう命じた（「上杉家文書」）。このことは満兼と了俊とがこの時期通じているとの噂があった故に、憲定にその処置を御内書で命じたと考えられる。山内上杉氏が将軍家の命により関東公方の暴挙を牽制する動きをしていることが注目される。以前氏満謀反騒動の時の憲春の諫死が思い出される。

「鎌倉管領九代記」(三)によると、鎌倉が京都に背かば天下の大事であるとして、将軍義持は鎌倉に御教書を遣わし、下野国足利荘を満兼に与え、満兼は大いに喜悦して鎌倉に帰ったという。「鎌倉大日記」等が、この時期満兼が武蔵国の府中に発向後足利荘に赴いたと記していることと関係があろうか。但し義満の存命中に義持が執政しているのは不信である。

そして翌七年三月五日満兼は鎌倉に帰った(「喜連川判鑑」)。同月二十四日代始として鶴岡八幡宮に参詣、御幣《ごへい》役は加子三郎、御劔《つるぎ》役は山名《やまな》小三郎、御沓《くつ》役は二階堂下野守であった(「鶴岡事書案」)。

三嶋社に願文を奉る

応永七年六月に至り満兼は伊豆国三嶋社に一通の願文を奉献した(「三嶋大社文書」)。

敬白

三嶋社壇

立願の事

右、「満兼」誤って小量を以て大軍を起こさんと欲す、しかるに輔佐《ほさ》の遠慮に依り、和睦の一途有り、仍って発向を止め、早く時宜《じぎ》に随う、重て又諫言有り、諫言やや所以《ゆえん》有り、運命の通塞を定めしめ、すべからく冥助《みょうじょ》の浅深に由る、若し冥慮に違わば、いかでか微望を達せんや、若し神助有らば、おのずから福運開け、力を求むべからず、心を労すべからず、故に彼の諷諫《ふうかん》に任せ、たちまち異心を飜し、即ちその過を改めてその咎を謝せんがため、この意趣を記し、偏に冥鑑を仰ぐ、伏して願わくは　当社早く丹心《たんしん》を照らし、いよいよ玄応《けんおう》を加え、都鄙《とひ》の無事、家門の久栄ならんことを、仍って願書件の如し、敬白、（原漢文）

応永七年六月十五日　　左馬頭源朝臣「満兼」（花押）

「満兼」の文字は自署である。この度誤って小量をもって大軍を起こさんと欲したが、「輔佐」の諫言によって発向を止まったと述べ、京都に二心を抱いた過ちを改め咎を謝することを誓った。輔佐は関東管領を指しているのなら上杉朝宗であるが、文中の時宜（貴人の意向・考え）は義満の意向と推測されるので、上杉憲定を指していると考える。憲定を通して事実が義満に知られていると悟った満兼が、文面通り都鄙（京都と鎌倉）の無事を願って心を改め奉納したものであろうか。前述のように満兼の今回の反幕行動には計画性が窺えるところから、この願文は表面的な弁解で、義満の怒りを鎮める政略的行為であったかもしれない。二年後の応永九年六月十五日以降に満兼は花押を、基氏以来の伝統的な公方の花押型に改めるが（「生田本鎌倉大日記」）、この種の改判は父氏満にも共通したもので（氏満は康暦の政変への関与から二年後に改判した）、小林保夫氏は関東公方の将軍への恭順ととらえられ、願文の段階では未だ満兼は改心していなかったであろうと推測しておられる（「南北朝・室町期の京と鎌倉」下『堺女子短期大学紀要』一八号）。見方によっては京都と鎌倉の平穏な関係を願う上杉憲定の強請によって、やむなく書いた可能性も考えられる。願文日付の二十日ほど前に憲定は三嶋社に参詣しており（「喜連川判鑑」）、願文の奉納先が伊豆国（山内上杉氏の守護領国）の三嶋社であったこと

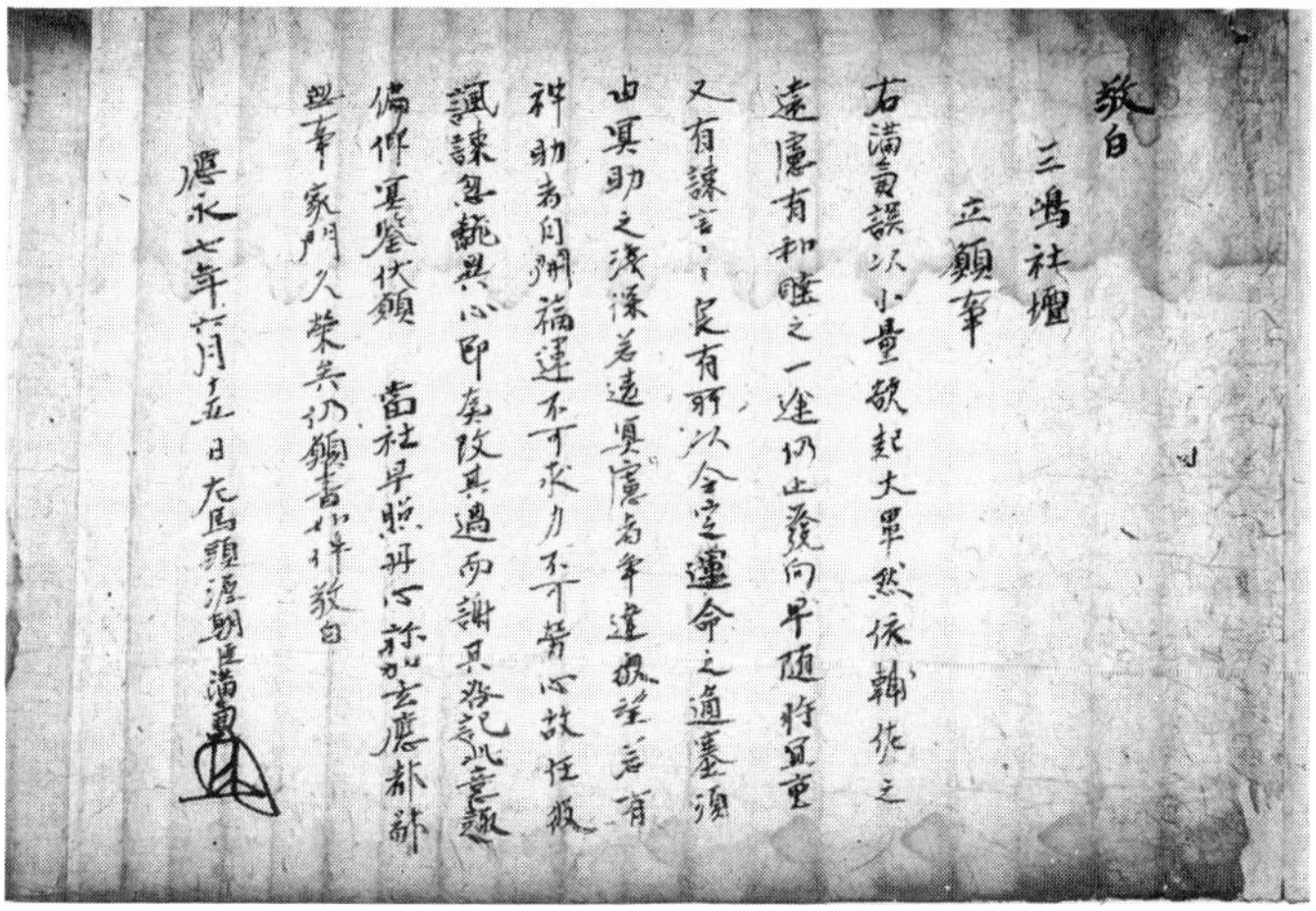
敬白
三嶋社壇
立願事
右満兼謀以小量欲起大軍然依輔佐之
遠慮有和睦之一途仍止発向早随将冝重
又有諫言々々是有所以全運命之通塞須
由冥助之浅深若違冥慮為争遂叛望者有
神助哉自開福運不可求力不可費心故任叛
諷諫忽翻異心即改其過而謝其咎記此意趣
偏仰冥鑒伏願　当社早照丹心添加玄応都鄙
無事家門久栄矣仍願書如件敬白
応永七年六月十五日　左馬頭源朝臣満兼（花押）

図10　応永7年6月15日付足利満兼願文
（静岡県三嶋大社蔵、静岡県歴史文化情報センター提供）

自体、上杉氏との関係を推測させるとも言えよう。真実のほどは分からないが、この願文奉納によっても義満の満兼に対する疑心はなお消えず、関東調伏《ちょうぶく》（まじないなどによって人を呪うこと）に腐心する義満であった（「華頂要略《かちょうようりゃく》」巻九　尊道親王伝」応永八年七月二十四日条）。

満兼は父氏満と同じような野望をいだき、そして同じように失敗した。この両度とも京都に関東公方を誘う勢力があった。その言に乗せられて実現性の薄い賭けを試みたのであろうか。実際関東から軍を率いて討幕に向かうことは、駿河以西の幕府管轄国を通過しなければならず、例え表面上幕府応援のためと称しても、いつも事は明らかになってしまっていた。将軍家に反感をいだく勢力が事を起こすに当たって、幕府に脅威を与えるため関東を誘うという一つの戦略であったかもしれ

足利基氏

足利満兼　足利氏満

図11　足利基氏・氏満・満兼の花押

ない。そしてそれに関東公方が利用された背景には、京都に野望をいだく関東公方の野心が見抜かれていたと言えようか。基氏の時期幕府との関係は良好であったという認識があり、義堂周信が将軍を補佐する立場を貫いた基氏を見倣うことを氏満に説き、満兼さえも祖父基氏を慕っていながら、関東公方の立場に徹するということに専心できなかったのか。関東公方の分を越えて幕府に対抗する行為、将軍に取って替わろうとする行為に出るに至る心情はどんなものであったか。鎌倉府の力が増すにつれ、それを背景に武力で天下を狙うということは、積極的な施政者ならあり得ることなのか。世襲の三代目程になると、それなりに権威が醸成され、公方についてくる諸士も多いとの判断が満兼にあったのか。基氏時代の教訓は影を薄くしていったと言えよう。氏満・満兼と続いて不発に終わった関東公方の幕府への反抗は、満兼の子持氏《もちうじ》の代に大爆発し、それが鎌倉府を崩壊させることになる。

応永九年七月に満兼狂気すとの風説が京都に伝えられた（「吉田家日次記」同月十七日条）。「是れ上洛の事、猶心腑を費やさるるの故かと云々、邪心天心神道に違わしむの謂か」（原漢文）とされ、大内氏の謀反に与し上洛しようとして精神を労したためと噂されたが、ここには満兼の行動が邪心から発したもので、天の心に違ったことが原因ではないかとの感想が記されている。満兼のあの行動が邪心によるものであったことは、京都でも共通の理解となっていたのかもしれない。

3　奥州の平定

伊達氏の反乱　応永六年に関東公方満兼の弟満直・満貞が南奥の篠川・稲村に常駐するようになってから、彼の地の諸士の中に反鎌倉府の態度を明らかにするものが出てきた。応永七年三月八日稲村御所満貞は、伊達政宗《まさむね》・蘆名満盛《あしなみつもり》らの陰謀が露顕し逃亡したので、すぐさま退治を加えるよう結城白河満朝《みつとも》に命じた（「結城文書」）。満朝は鎌倉府方として奥州凶徒退治に忠節を尽くし、翌年正月二十九日満朝は関東公方満兼から感状を与えられた（同前）。このように南奥に足利氏が赴いて一年足らずで早くも伊達氏らの抵抗にあったのである。その原因は鎌倉府側の料所進献要求にあったという（「余目氏旧記」）。伊達氏反乱の背景には、伊達氏と将軍家（幕府）との密接な繋がりがあったとされる。幕府は鎌倉府の勢力を牽制する必要から、鎌倉を挟み撃ちにする形で、伊達氏をはじめとする奥州諸士を勧誘する動きをみせ、伊達氏らはその幕府に依存して鎌倉府に抵抗したと考えられる（『関東中心足利時代之研究』）。陸奥と京都との関係を知ってか知らずか、満兼は奥州諸士の鎌倉府離反を幕府に告げ、これを抑圧してくれるよう懇請している（「尊道親王行状」）。

本格的な奥州平定を決意した満兼は、応永九年五月二十日に上杉氏憲《うじのり》を大将として奥州凶徒退治のため発向させるにあたり、五月三日鶴岡若宮小別当大庭《おおば》弘能《こうのう》・鶴岡八幡宮寺頓覚坊《とんがくぼう》弁大僧都《べんのだいそうず》珍誉《ちんよ》・常楽寺《じょうらくじ》別当に祈禱を命じた（「大庭文書」「相承院文書」「古証文」）。理由は伊達政宗が満貞に敵対した故の討伐とされる（「生田本鎌倉大日記」）。大将として奥州に下向した氏憲は、当時の関東管領上杉朝宗（犬懸家）の子であり、のち入道して禅秀《ぜんしゅう》と号する人物である。五月二十一日鎌倉を立ち、その頃政宗が城を構えていた陸奥国赤館《あかだて》（福島県桑折町）を目指した。伊達氏を中心とした南奥州の反鎌倉府勢力と、結城白河氏・上杉氏憲の鎌倉府軍との激しい攻防の末、辛うじて鎌倉府軍方が勝利をあげ、九月五日政宗は降参した（同前）。九月中に氏憲は鎌倉に帰った（「喜連川判鑑」）。なお「臥雲日件録抜尤」は氏満が伊達氏を三度征伐し、初度は十六万騎、続いて十七万騎、十八万騎で攻めたが平定できず、義満の代に伊達氏は京都幕府に属したと伝えているが（寛正五年四月十五日条）、氏満による大規模な伊達征伐は傍証がなく、満兼の代のことかもしれない。

陸奥諸士の盟約　この事件から二年後の応永十一年七月、小峯満政《こみねみつまさ》ら奥州の諸士二十人が連署した一揆契状《けいじょう》が作成された（「松藩捜古所収文書」『福島県史』資料編2）。「上意に応じ同心し忠節致すべし」（原漢文）という意図で結成されたものである。上意は稲村・篠川御所を指しているのではないか。同心した諸士の中には、伊達・蘆名氏らの大領主およびその一族はほとんど加わっていない。そこからこの一揆契約は、「これら大領主の圧力に対抗しようとする中小国人領主の志向と、これら国人領主を自分のもとに結集して、伊達・蘆名などの大領主を牽制しようとする両公方の意図とによって成立した」と考えられている（『福島県史』通史編1）。両御所と一揆中との双方の利害の共通性によって一揆契約は実現したと言えよう。

4　満兼の死

寺社との関係　応永五年（一三九八）十一月四日の父氏満の死去後跡を継いだ満兼が、まず同年十二月二十五日に鶴岡八幡宮寺に所領を寄進し、天下安全・武運長久を祈ったことは前述した。そして翌応永六年十一月十二日には鶴岡八幡宮神主大伴時連《おおともときつら》に所領を充行っている（「鶴岡神主家伝文書」）。守護神八幡への信仰の表明であろう。応永七年六月九日鶴岡では、満兼が五月十七日にみた夢によって四季臨時御供《ごくう》を初めて実施したという（「鶴岡事書案」）。同年十二月三十日満兼は鎌倉別願寺に父氏満の菩提を弔うため所領を寄進した（「別願寺文書」）。これは去永徳二年（一三八二）に父氏満が祖父基氏の菩提を弔うため所領寄進を行ったのを引き継いだものと思われ、別願寺は関東公方家の菩提寺となっていた。

応永八年に入ると三月二十四日に伊豆国三嶋社への寄進（「三嶋大社文書」）、同年五月二日には武蔵国教念寺への寄進（「武州文書十六教念寺文書」）、同年十二月二十三日には下野国足利荘内の定光寺《じょうこうじ》への寄進（「鑁阿寺文書」）が認められ、その後も寺社への寄進は続けられる。応永十二年十一月二十五日長年滞っていた下総国香取社の造営を、千葉満胤《みつたね》に督促している（「香取文書纂大禰宜家文書」）。

祈願所妙楽寺　応永十一年十一月一日満兼は相模国田村郷の妙楽寺《みょうらくじ》を祈願所とした（「相州文書大住郡妙楽寺文書」）。現在の神奈川県平塚市内にある妙楽寺は、義堂周信を開山、足利基氏を開基とする臨済宗の寺である（「新編相模国風土記稿」）。この時期関東の足利氏が天下安全祈禱や戦勝祈願を命じているのは、鎌倉および相模川以東の東国にある寺社がほとんどである。満兼が相模川以西の妙楽寺を祈願所としたのは、基氏開基という由緒に加えて、満兼自身の目も西（京都）へ向いていたことを反映しているかもしれない。

大般若経開版　先に紹介した貫達人氏の論文によれば、応永八年十二月満兼は大般若経巻四八七を開版している（九五頁参照）。現在円覚寺に所蔵されているものである。この巻の中には他に「沙弥禅助《ぜんじょ》」「沙弥長基《ちょうき》」の名もみえている。禅助は当時の関東管領上杉朝宗（犬懸家）の法名であり、長基は朝宗のあと応永十二年九月十八日に管領となる上杉憲定（山内家）の法名である。朝宗から憲定への管領交替の理由は不明であるが、氏満の時に抜擢され、満兼に仕えて七年になる朝宗が管領を辞退したのは病か、あるいは七十歳に近かったとみられるので（『鎌倉大草紙』）、高齢故の辞退であったかもしれない。山内家から犬懸家へと引き継がれた管領職に、今度は山内家から憲定が補任されたのであった。

また栃木県の輪王寺に、満兼が応永十三年十一月十二日に書写した紺紙金泥の般若心経がある（『大日本史料』七編十二）。

御所炎上　応永十四年八月二十九日夜鎌倉御所（関東公方邸＝鎌倉府）が炎上し、公方満兼は宍戸遠江入道宿所へ入った（「生田本鎌倉大日記」）。宍戸遠江入道は俗名基家といい、法名は希宗と号し、恐らくこの頃御所奉行の一人であった（応永十六年七月には「鶴岡八幡宮寺社務職次第」で確認できる。風間洋氏「関東奉公衆宍戸氏について」『鎌倉』八九）。希宗が再興したとされる下総国円福寺《えんぷくじ》を祈願寺にされんことを、満兼没後間もなくの応永十六年十二月に同寺は幸王丸《こうおうまる》（持氏）に請願している（「下総古文書類」『大日本史料』七編十二）。さて焼失した御所の新造釿始《ちょうなはじめ》が行われたのは一年程たった応永十五年七月十三日であった。八月二十七日に上棟、十二月七日には新造御所へ満兼が入った。この時の造進奉行は上杉氏憲（犬懸家）である。前述のように氏憲は前管領朝宗の子である。

鎌倉五山の一つ浄妙寺（足利義兼《よしかね》創建）から十二所《じゅうにそ》へ通じる道路際に「足利公方邸旧蹟」の碑が立っている（二一二頁参照）。この場所は鎌倉時代に武蔵国六浦《むつら》（神奈川県横浜市）から鎌倉への入り口の

図12　浄妙寺(神奈川県鎌倉市)

要として、足利氏が配置された場所である。南北朝期以降もここを本拠とした足利氏は御所の裏山に八幡宮を分祀して「御所ノ御上之八幡」と呼び、定例参拝を行った(「鎌倉年中行事」)。公方屋敷とされる場所でいま当時を偲ぶことができるのは、貞享二年(一六八五)刊行された「新編鎌倉志」(巻二)の絵図にみえる洞窟が今も残っているくらいである。いずれの時か足利氏がここに帰ることを信じ、畠にはせず芝野にしておいた、と「新編鎌倉志」は伝える。現在は住宅地となっている。

満兼の死　応永十六年七月二十二日左兵衛督従四位下足利満兼は三十二歳で死去した(「足利系図」)。なお「系図纂要」は二十七歳、「足利治乱記」〈下〉は三十歳、「喜連川判鑑」は三十三歳とする)。「鎌倉大草紙」によると、五月頃から病が重くなり体力も衰え、医師が集まり秘術を施し、陰陽師による祈禱も行ったが甲斐なく死去したという(なお同書は満兼の死を応永十七年とし、享年を「廿二」歳とするが誤りであろう)。瑞泉寺塔頭勝光院《しょうこういん》(同院は今は廃寺)に葬られた。法名は泰岳道安《たいがくどうあん》、勝光院殿と称する。瑞泉寺に満兼のものと伝えられる墓塔がある（『鎌倉事典』）。満兼の死を悲しんだ前管領上杉朝宗は、その夜のうちに遁世し、上総国胎蔵寺《たいぞうじ》に閑居したという。

満兼の治世はわずか十一年であり、四代の関東公方中最も短い期間であるが、二十一歳以降の壮年期に在職したため、彼自身の意志で積極的に分国統治を行った。彼が行った奥州支配は弟達を篠川・稲村に下しての支配であり、両御所は公方の意を帯して力を尽くしたが、実質的には陸奥の結城白河氏の鎌倉府への忠節を頼みに、南奥における支配権に止まった。この両御所のうち篠川御所満直が関東公方に反するに至るのは、次の持氏の時代のことである。

子供達　系図類によると満兼の子は、持氏と持仲《もちなか》の二人である。嫡子持氏は、応永五年（一三九八）満兼が家督を継いだ年に生まれている。「系図纂要」によれば持氏の母、つまり満兼の正室は一色範直《いっしきのりなお》姉である。父満兼死去の年の持氏は十二歳で、まだ元服以前である。もう一人の持仲の生年は不詳であるが、応永七年六月四日満兼の命を受けて上杉憲定が上州に赴き、「下戚ノ腹ノ乙若丸《おとわかまる》ヲ迎ヘ鎌倉ニ帰ル、後ニ号持仲」と「喜連川判鑑」にみえているので、持氏とは異腹とみられるが長幼は定かでない。「足利治乱記」（下）は持仲は持氏の兄であるが家督は持氏であると記している。持氏・持仲ともに、元服時に将軍義持から「持」を与えられての命名であった。

第四章　足利持氏

1　公方となる

家を継ぐ　応永十六年（一四〇九）七月二十二日父満兼が没し、九月に当時十二歳の幸王丸が家督となり、四代関東公方となった。彼を補佐したのは、前代に引き続き管領上杉憲定（法名長基、山内家）であった。前年の五月六日京都では足利義満が死去し、名実共に幕府の頂点に立った四代将軍足利義持《よしもち》は、土岐持益《もちます》を使節として幸王丸の継嗣を賀した（「喜連川判鑑」）。同十七年六月二十九日に行われた評定始には、未だ童形であった幸王丸は出御しなかった。

応永十七年八月十五日叔父足利満隆《みつたか》謀反の雑説が流れ、幸王丸は管領憲定の山内宿所に入ったが、虚説ということで九月三日には御所に還った。「鎌倉大草紙」は憲定が取り持って、満隆が陳謝したため大事にならず収まったと記す。近年この満隆陰謀事件には、憲定のあと管領となる禅秀（上杉氏憲、犬懸家）と満隆とが連携していたことが指摘されている（江田郁夫氏「上杉禅秀の乱と下野」『栃木

図13　足利氏略系図（①…室町幕府将軍、(1)…関東公方）

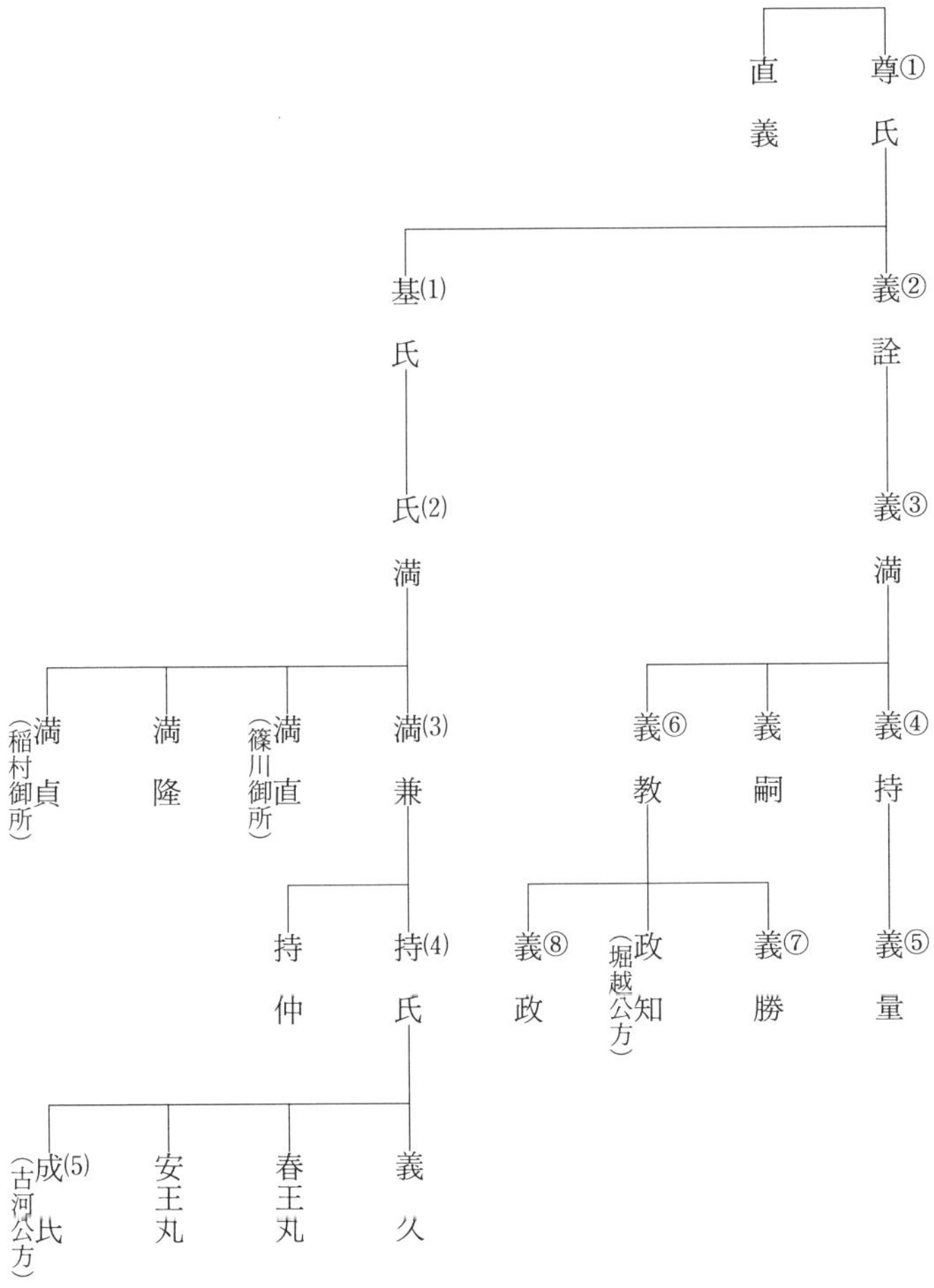

県立文書館研究紀要』二号）。「生田本鎌倉大日記」は憲定の管領辞任を応永十八年正月十六日とし、禅秀の就任を同年二月九日としているが、実際には前年の応永十七年十月十一日に禅秀の管領在職の徴証があり（「鎌倉市立図書館文書」）、満隆陰謀事件と時期を同じくしている点、禅秀と満隆の連携が推測できるという。九月三日に幸王丸が憲定の宿所から御所に還っているので、これ以前に管領交替があったとすると、幼い幸王丸の意思というよりは、満隆と禅秀との強請によるものであったかもしれない。満隆と禅秀が組んでの山内上杉氏追い出しに幸王丸が利用されたのか。公方の代替わりに、新公方が幼少であったことに付け込んで、鎌倉府の実権を握ろうとした野心家満隆が、犬懸家禅秀と組んで起こした騒動であったと考えられる。満隆は数年後にまたも公方に反抗して乱を起こすことになる。

先に記した禅秀管領在職を示す応永十七年十月十一日の禅秀奉書は、若宮別当大僧正尊賢《そんけん》に充てられたものであり、鶴岡八幡宮が沽却した社領の知行を同社に安堵するという公方代始の徳政《とくせい》であった。

元服と判始　応永十七年十二月に入ると鎌倉府は上杉重藤《しげふじ》を上洛させ、将軍義持の諱の一字を申し請い、二十三日に元服式を行い、幸王丸は持氏と名乗り左馬頭に任じられた。持氏十三歳であった。

そして二年後十五歳になった持氏は、応永十九年三月五日判始を行った。鶴岡八幡宮に寄進を行った三月十七日の御教書が伝わる（「鶴岡八幡宮文書」）。この時の持氏の花押は、父満兼の花押とは全く異なる、どちらかというと管領禅秀の花押に印象が似ている。父親程の年齢である禅秀（禅秀の父朝宗が応永二十一年八月二十五日に七十六歳で死去しているので、この時の禅秀は五十歳前後か）の影響力がかいまみえ、若い持氏がこの後禅秀に反発する行動に出るようになるのをみると、持氏としてはあるいは不本意であったのかもしれない。十二月十八日前管領上杉憲定が三十八歳で頓死した。「足利治乱記」（下）は憲定を「仁徳深キ人」と伝えている。

応永二十年三月六日由比浜大鳥居が建立された。この鳥居は源　頼朝《みなもとよりとも》の時代から公方が再興するものであり、ここ久しく造営されず朽ち果てていたが、持氏の代に建立されたことはまことに目出度《めでた》いことであると「鎌倉大草紙」は記している。

伊達氏の反乱　応永二十年には奥州と甲州辺とに不穏な動きがあった。陸奥・出羽両国は応永初期以降、関東公方の代官として持氏の叔父である満直と満貞が南奥の篠川と稲村に駐在して治めていた。この年四月十八日陸奥国の二階堂氏から、伊達持宗《もちむね》が大仏城《だいぶつじょう》（福島県福島市）に立て籠もり反乱を企てたとの報が届き、持氏は畠山国詮《くにあき》を大将とする討伐軍を派遣した。八月三日には陸奥国の結城白河氏に対して、陸奥・出羽は関東分国であることを明言して結城白河氏の忠節を確認し、それに対して結城白河氏は了承した旨の請文《うけぶみ》を出している（同年九月二日「結城文書」）。そして十月二十一日に至り結城白河氏に対して軍勢の催促をした（同前）。当時の結城白河氏は奥州の中で随一の鎌倉府方の武将であった。十二月二十一日伊達氏は兵糧が尽きて大仏城を退去し、一応鎌倉府軍の勝利で終結したが、この合戦に結城白河氏は参戦しなかったことが、同年十二月二十九日の持氏御教書写（「結城古文書写」）によって分かる。つまり「以前御教書を成さると雖も、今に遅参せしむと云々、はなはだ然るべからず」（原漢文）と持氏は結城白河氏を咎めている。この合戦の大将畠山氏は一応の勝利を得て鎌倉に帰ったものの、決着に手間取ったという理由で暫く出仕を止められたという（「喜連川判鑑」）。またこの伊達氏の反乱に際して篠川・稲村両御所が鎌倉府側の立場で参戦した形跡はみられない。もはやこの頃の篠川・稲村御所は関東公方の意を帯して当地を支配するというよりは、すでに十数年滞在する間に、奥州を基盤に関東公方から独立して、自らが直接支配しようとする立場に変わりつつあったのではないか。鎌倉府支配に従うことを復命している結城白河氏も、この合戦では鎌倉府軍に参戦していない。持氏は満隆に続いて、同じく叔父にあたる満直・満貞からも背を向けられるに至っていたのかもしれない。先の畠山氏の処遇に持氏の苛立ちが感じられる。

一方甲州のことは、応永二十年六月十日の持氏御教書写（「武州文書十宮本氏所蔵文書」）に「甲州凶徒」云々とみえ、武州南一揆中に軍勢催促していることが知られるのみである。

応永二十一年の持氏は、四月二十五日に鎌倉の覚園寺に祈禱を命じ（「覚園寺文書」。なお本御教書は現在建長寺にある）、五月十二日には鶴岡に神馬を奉納して祈禱を命じ（「鶴岡八幡宮文書」）、また同月二十五日円覚寺に鎌倉中酒壺別銭を造営要脚として一年間寄付し（「円覚寺文書」）、八月二十日には鶴岡に所領を寄進している（「鶴岡八幡宮文書」）。

2　禅秀の乱

禅秀の失脚　応永二十二年（一四一五）三月五日鎌倉府では「御評定御意見始」を行い、諸国の政事を公方持氏が聞き、その場には管領をはじめ評定衆・奉行頭人が出仕していた。その翌月の四月二十五日の評定の場で、持氏は常陸国（茨城県）住人越幡《おばた》六郎の所領を没収し、その身を追放した。当時在鎌倉衆であった越幡六郎が病気を理由に出仕しなかったためである。彼は禅秀の家人であったとされ（「鎌倉大草紙」）、禅秀は右の裁断に抗議して処分の撤回を進言したが、持氏は耳をかさなかった。この法外の政道に腹を立てた禅秀は、病気と称して籠居し、五月二日に至り管領職を辞任した。「半ハ召し上げらるるか」（一部原漢文、「生田本鎌倉大日記」）という状態で持氏は禅秀の辞職を認め、同五月十八日には上杉憲基（山内家）が管領に補任された。公方は十八歳、管領は二十四歳である。老獪な禅秀の存在は、若い持氏には煙たかったのではないか。越幡の事件には「近臣ノ讒」があったとされ（「喜連川判鑑」）、この事件が持氏の禅秀に対する挑発とも考えられ、禅秀の失脚を望む持氏の意思が窺える。

越幡の一件は管領の交替で一応収まった。が七月頃武器を携えた軍勢が密かに鎌倉に忍び入り、市中には緊張した空気が漂った。持氏は彼らに帰国命令を出し、武士たちはやがて諸方に散り事なきを得た。この軍勢鎌倉参集事件は、裏で禅秀が糸を引いていると噂された。禅秀は御所に参上して釈明し、八月九日より出仕した（「喜連川判鑑」）。

禅秀与党の顔ぶれ　禅秀の乱の経過について「鎌倉大草紙」を中心にみてみよう。禅秀は持氏の「不義の御政道」を正そうと諸氏へ決起を促した。禅秀が表に立てたのは持氏の叔父足利満隆であった。禅秀は、持氏の政道が悪い故諸人が背くことが多く、自分が諫めても耳をかさず、これでは謀人が世を覆すことは目にみえている、他人に世を取られるのは足利家としては歎かわしいことであろうと、持氏に取って替わることを満隆に勧め、野心家の満隆はこれを了承したのである。この時満隆の猶子になっていた持仲（持氏とは異腹の兄弟）も満隆と一緒に決起した。

京都の足利義嗣《よしつぐ》が参画しているのが注目される。義嗣は将軍義持の異母弟であるが、正嫡の義持よりも父義満に愛されていた。義嗣は父の死去（応永十五年）に際し将軍職への希望を持ったが果たされず、兄義持を恨み、機あらば義持に取って替わろうと時をねらっていた。鎌倉府内の前管領と公方との対立に目をつけた義嗣は、側近の禅僧を鎌倉に送り、禅秀に同盟謀反を申し入れた。満隆にも義嗣の誘いがあり、三者は同心したのである。

病気と称して禅秀が鎌倉府への出仕を止めたのは八月であり（「喜連川判鑑」）、満隆の回文が禅秀の状と共に東国の諸氏に触れられた。禅秀は婿である下総国の千葉兼胤《かねたね》・上野国の岩松満純《みつずみ》・下野国の那須資之《なすすけゆき》、そして舅にあたる甲斐国の武田信満《のぶみつ》にまず呼びかけた。禅秀がこの時これほどの関東の名族雄族と姻戚関係をもっていたのは偶然かまたは意図的なものか、いまは知るすべもない。その他主な禅秀方武士は常陸国の佐竹《さたけ》（山入《やまいり》家）与義《ともよし》・小田治朝《おだはるとも》・大掾満幹《みつもと》、下野国の宇都宮持綱《もちつな》、相模国の曾我《そが》・中村《なかむら》・土肥《とひ》・土屋《つちや》氏、伊豆国の狩野介一類、そして陸奥国の篠川御所満直・結城白河満朝など、実に関東分国内のそうそうたる豪族たちが禅秀方として参集していた。さらに在鎌倉衆の中にも百余人の同心者がいたという。

ここに陸奥国の満直が反持氏方として登場していることが知られる。同じく陸奥国にいた稲村御所満貞のこの時の行動は、史料上確認できない。関東公方の座に野心を持ち始めた満直（このことは後に顕在化する）に対して、満貞は彼から離れていったのではないかと推測され、のち満貞は持氏方として行動することになる。

密かにそして手際よく運ばれた禅秀らの反乱計画は、応永二十三年十月初めには準備を完了した。兵具は俵に入れて米のようにみせかけて人馬に負わせ、国々より取り寄せていた。

持氏方の面々　乱は応永二十三年十月二日夜突然始まった。足利満隆と足利持仲が鎌倉西御門の宝寿院（保寿院）で旗を揚げ、禅秀は犬懸の自邸から近い浄妙寺東の公方足利持氏御所を急襲した。この日の朝禅秀の子憲顕《のりあき》はいつもと変わらず出仕し、父の病気が重いことを告げて帰宅していた。同夜酒に酔って寝入っていた持氏は、近臣の木戸満範《みつのり》に禅秀謀反のことを告げられても半信半疑であった。満範に促された持氏は、ともかくも御所を逃れ出、馬で山路を巡り十二所から小坪《こつぼ》へ、

図14　禅秀の乱における両軍配置図

そして前浜《まえはま》を経て、管領上杉憲基のいる佐介《さすけ》へ向かった。供したのは満範始め一色左馬助・同左京亮《さきょうのすけ》、龍崎《りゅうざき》・品川・梶原・印東《いんとう》・那波《なわ》・海上《うなかみ》・江戸・三浦・今川・畠山・二階堂・宍戸《しど》氏ら総勢五百余騎であった。公方の近臣や鎌倉府の奉行人たち、鎌倉にいた関東分国内の中小武士といったところか。

同じころ佐介にある憲基邸へも満隆・禅秀謀反のことは注進されていた。前浜に禅秀軍が充満していることを聞いた憲基は、武具を取って出陣の用意をし、到着した持氏を奉じる形で立った。この時の憲基軍は長尾・大石・寺尾等の被官を含め七百余騎と伝えられる。

明けて三日は「悪日《あくにち》」にあたるため双方ともじっとしていた。悪日とは陰陽道で事を行うのに悪い日をいう。室町時代の成立かとみられる武家故実書「義貞記《よしさだき》」（群書類従本）には敵を討つべき日として三日・五日・九日・十一日・

十五日・十七日・二十一日・二十三日・二十七日・二十九日は除くべしとされている。因に同書は敵を討べき上吉の日として、朔日・二日・七日・八日・十三日・十四日・十九日・二十日・二十五日・二十六日を掲げる。十月四日未明管領上杉憲基は、前浜・甘縄口《あまなわぐち》・薬師堂面《やくしどうめん》・無量寺《むりょうじ》方面・化粧坂《けわいざか》・扇谷《おうぎがやつ》の諸方へ軍勢を出した。一方満隆は一千余騎を率いて若宮大路に陣を張り、禅秀方諸士は米町《こめまち》表《おもて》・浜の大鳥居から極楽寺口《ごくらくじぐち》などに陣取った。

翌十月五日合戦のさなか、公方持氏は下野国の長沼義秀《ながぬまよしひで》に対して「下野国長沼庄右衛門佐《うえもんのすけ》入道跡」等を充行っている（「皆川文書」）。右衛門佐入道は禅秀のことであり、この段階で持氏は禅秀の所領を没収していることが分かる。この手早い持氏の処置は、怒り心頭に発していることを推測させよう。この長沼義秀に対しては、溯る九月十八日に一族親類同心して忠節するよう命じていた（同前）。持氏にとっては重要な味方武士であった。

持氏幕府領国駿河へ　十月六日禅秀方岩松軍は、扇谷を固める持氏方上杉氏定《うじさだ》軍を破って化粧坂に押し寄せ、佐介の国清寺《こくしょうじ》に火を放った。山内上杉氏の祖憲顕が伊豆国奈古谷に創建した国清寺を、応永十四年憲基の父憲定が鎌倉の佐介にも建てており（「証羊集《しょうようしゅう》」）、この時期憲基は国清寺の側に居を構えていた。国清寺に放たれた火が憲基邸に移り、防ぎきれないと悟った憲基は、持氏を奉じて極楽寺口から片瀬腰越《かたせこしごえ》の汀をぬけ、黄昏には小田原に到着した。禅秀方であった土肥・土屋氏が小田原宿に押し寄せ火を懸けた。小田原を追われた持氏・憲基は、夜陰に箱根山に入り、ここで持氏と憲基はぐれてしまった。

七日持氏は箱根山別当証実《しょうじつ》の案内で幕府領国駿河の大森館《おおもりやかた》（静岡県裾野市。証実は大森氏の出である）へ入り、のち同国瀬名《せな》（静岡市）へと移り、今川氏の庇護下に入った。これ以前に持氏と大森氏との間に交流があったか否か明らかでなく、むしろ持氏は証実と交流があったらしい（「紀伊続風土記付録所収熊野速玉大社古文書古記録」）。乱終了後の応永二十四年十一月二十七日、持氏は証実に熊野堂造営要脚として上総国段別銭十疋を寄進し、かつ箱根社の修理にも配慮している（「金沢文庫文書」）。また駿河国の今川範政《のりまさ》は、持氏方であった上杉氏定の女婿であった。そして持氏と離れた憲基は伊豆国の国清寺にたどりつき、ここでの敗戦ののち越後国へ落ちたという。

持氏を鎌倉から追い出した満隆・禅秀らは鎌倉を掌握し、満隆は公方と称した。武蔵国辺では禅秀方と持氏方との戦いが繰り返された。

十月二十九日幕府は、駿河国に逗留中の持氏を扶持するよう駿河守護今川氏・越後守護上杉氏に命じた。理由は持氏が将軍義持の烏帽子子である故、見放すことはできないというものであった（「看聞日記《かんもんにっき》」）。今川範政は幕府の意を受けて、十二月二十五日関東の諸士に向けて持氏への同心を促す書簡を発した（「結城古文書写」）。それは一旦は禅秀方に味方したものに対して寝返ることを勧め、あくまでも謀反者に同心するならば、代々の忠勤は消え、所領は他人に充行われることになる、いま心を改め公方持氏の陣に馳せ参ぜよという内容であった。

今川軍に守られた持氏は鎌倉奪回を目指して十二月二十三日駿河国瀬名を発ち（「皆川文書」）、翌年正月に入り小田原合戦に打ち勝った。幕府の援軍が持氏を奉じて相模国に入ったとの報に、禅秀方武士の大半が持氏方に寝返り、満隆以下は孤立した。そして正月十日雪下御坊（禅秀の子快尊《かいそん》がいた）で満隆・持仲・禅秀父子らが自害して果てた。翌十一日持氏は鶴岡社神主大伴時連に同社頭の警護を厳密にするよう伝え、十三日には凶徒退治祈禱を命じた（「鶴岡神主家伝文書」）。十二日（または十三日、十七日とも）持氏は約三ヵ月ぶりに鎌倉に還っている。戦闘で御所が崩壊していたため、一時梶原美作守屋形にいた持氏は、四月二十八日修築なった大蔵の御所に入った。鎌倉に落ち着いた持氏がまず着手したのは、反乱者禅秀に与した武士たちの討伐計画であった。

京都の義嗣はどうなったのか。応永二十三年十月三十日突然彼は逐電した。おそらく禅秀軍が鎌倉を制圧したとの報を得てのものであったとみられる。「野心之企歟」（「看聞日記」）と京都では噂されたが、しかし逐電後の義嗣の行動は幕府の知るところであった。高尾の神護寺《じんごじ》で出家した義嗣は捕えられ、仁和寺《にんなじ》・相国寺《しょうこくじ》へと移され、応永二十五年正月二十四日義持の命令で殺された。

幕府の真意　ここで禅秀の嫡子憲顕が鎌倉の禅秀軍から前もって離れて京都に逃れ、のち幕府の扶持を受けている事実に注目したい。さらに幕府が持氏援護の行動にでるのがやや遅れた感があることも気になる。幕府の真意を推測するに、幕府は初め鎌倉府内の抗争を、これまで何かと反幕の行動をとってきた鎌倉府の力の削減になると期待しつつ静観していたが、反乱者が鎌倉を掌握したまま定着

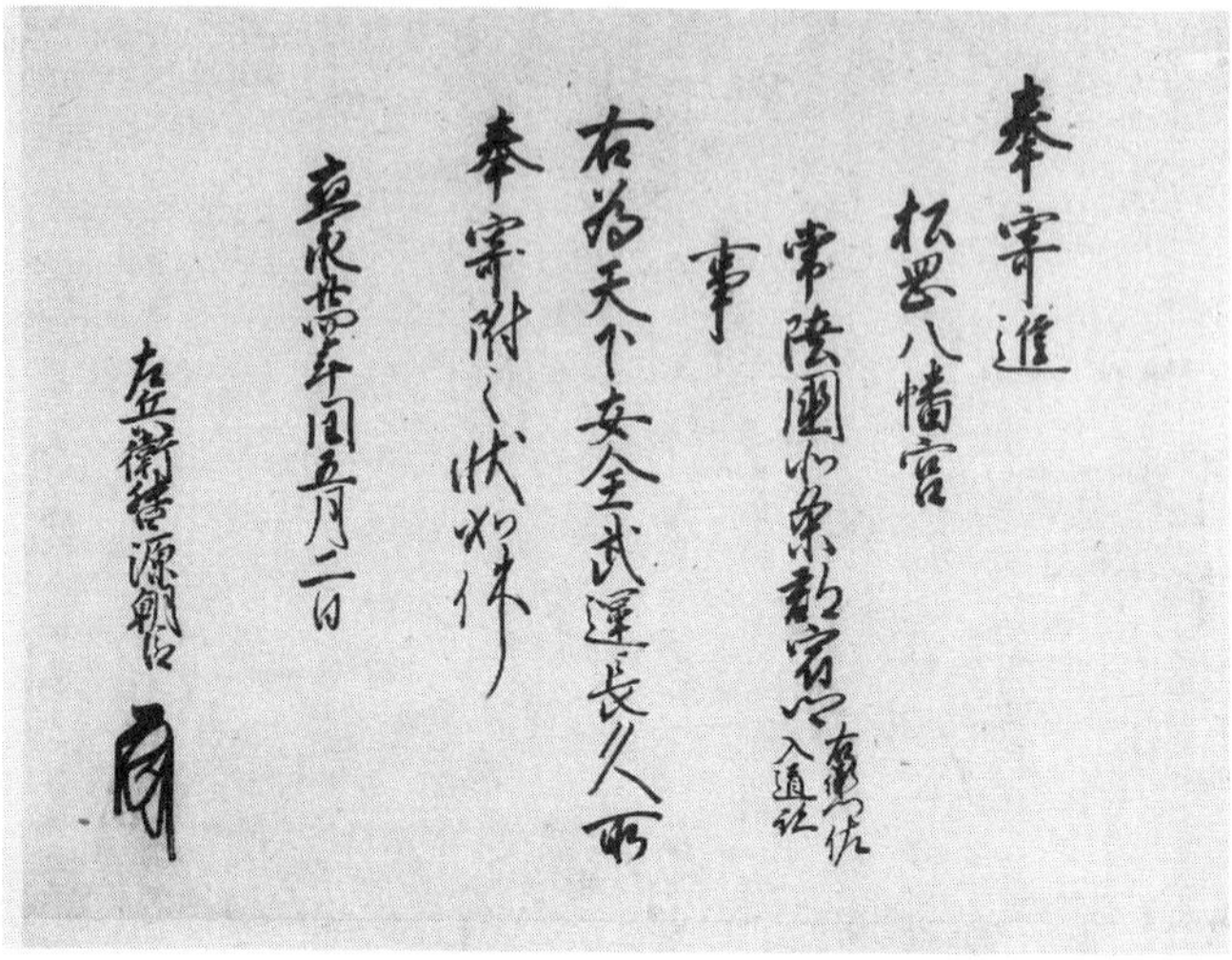

奉寄進
鶴岡八幡宮
事
右為天下安全武運長久所
奉寄附之状如件
応永廿四年閏五月二日
左兵衛督源朝臣

図10　応永24年閏5月2日付足利持氏寄進状
（鎌倉市鶴岡八幡宮蔵、鎌倉国宝館提供）

するのは不都合と考え始め、まず幕府の息のかかった関東武士を中心に持氏方への寝返りを勧め、反乱者を首謀者である満隆父子・禅秀一族に押し付けて反乱の終結を急いだのではないか。その代償として禅秀の嫡子を幕府に扶持する約束をして。乱終了後の禅秀方武士に対する幕府の処置の仕方は、極めて寛大であった。のち彼らに幕府の扶持が加えられている例すら認められる。

応永二十四年二月十一日京都で「関東において自害の輩」（原漢文）の追善法要が行われた（「満済《まんさい》准后《じゅごう》日記《にっき》」）。名もない関東武士一般のためとは考えにくく、満隆・禅秀らの追善供養であった可能性が高かろう。幕府は禅秀らの蜂起を当初から知っていた可能性すら推測できるのである（『乱世の鎌倉』）。

持氏改判　禅秀の乱が勝利で終結された応永二十四年に、持氏は花押を改めた。月日についての記録はなく、「喜連川判鑑」は、持氏が御所に帰還した四月二十八日から五月二十九日の間に判を改めたとして新しい花押型を載せている。これまでのものは禅秀の花押に似ていたが、それと筆数は同じであるが、筆の最初の入り方が少し変化しており、また全体の形が縦型の印象となっている。ここで新花押を用いた最初の文書かと思われる持氏寄進状を紹介しよう（「鶴岡八幡宮文書」）。

寄進し奉る
　松岡八幡宮
　　常陸国北条郡宿郷右衛門佐入道跡　事
右、天下安全・武運長久のため、寄附し奉る所の状件の如し、（原漢文）
　応永廿四年閏五月二日
　　　　　　左兵衛督源朝臣（足利持氏）（花押）

右衛門佐入道（禅秀）から没収した宿郷（比定地未詳、茨城県筑波町か）を松岡八幡宮に寄進し、天下安全等を祈らせた。禅秀の乱終結後初めての寺社への所領寄進と思われる。

さてここに溯る同年正月一日付の鶴岡八幡宮への所領寄進状があり（同前）、これも禅秀方であった岩松満国からの没収地を同意趣により寄進したものである。その花押が持氏改判後の花押である。改判はまだ乱が終結する前の応永二十四年の年頭であったのか。しかし同年二月十六日の持氏御教書写は旧型と判断され（「賜蘆文庫文書二十七鹿島文書」『神奈川県史』資料編古代・中世3上）、また応永二十四年と推定できる三月八日付持氏書状の花押は旧型である（「皆川文書」）。同年正月から右に掲げた閏五月二日（この日付後、次に改判する応永三十三年正月までは同型である）の間に何通か持氏発給文書はあるが、謄写《とうしゃ》（書き写し）であるため花押型はいずれとも判断できない。

さて仮に「喜連川判鑑」により五月に改判したとすれば、新花押の初見とみられる閏五月二日の持氏寄進状の充所「松岡八幡宮」とは如何なる存在なのか。貫達人氏は松岡八幡宮は「御所ノ御上之八幡」（前述）であろうとされる（『鶴岡八幡宮寺』）。つまり御所の裏山に鶴岡を勧請した八幡社に、禅秀跡地を寄進したのである。その松岡八幡宮の本社である鶴岡八幡宮への正月一日付の寄進状と閏五月二日の寄進状は同筆と認められる。憶測するに、改判後初めて両八幡宮へ寄進状を発給する閏五月二日の段階で、本社である鶴岡八幡宮への寄進状は、年頭の正月一日に溯らせて日付が記載されたのではなかろうか。持氏自身も鎌倉を離れて合戦のさなかであった正月一日の文書発給というのも、実務上というよりは形式上の感を抱かせる。証拠もないまま勝手な憶測をしてみた。

この時期持氏は違例の寄進もしている。応永二十四年二月日医王像前に灯光料として「永七拾五貫」を寄進し凶徒退治の祈願をした（『後鑑』所収「相州文書」）。跡地などではなく金銭のみの寄進は珍しく、「永」が永楽銭だとすると、この時期の鎌倉における同銭の流通も推測しえようか。

上杉氏への配慮　応永二十四年四月二十六日憲基が管領を辞して領国伊豆三島へ下向したが、閏五月二十四日には鎌倉に帰参し、六月三十日管領に再任された（「生田本鎌倉大日記」）。その理由は詳らかでない。この年の三月三日憲基は「御方ならびに御敵等打死菩提のため」（原漢文）として円覚寺正続院に寄進している（「円覚寺文書」）。憲基は敵味方の戦死者を共に弔う心を持っていた。禅秀に与した凶徒の退治に専心する持氏とは異なっていた。注目されるのは閏五月二十五日、つまり憲基の鎌倉帰参の翌日に、持氏が憲基に「上野・伊豆両国闕所分」の領掌《りょうしょう》（領有して支配すること）を認めていることである（「上杉家文書」）。所領が特定されていないところからみると、憲基の守護領国である上野・伊豆の闕所地（公に没収された土地）を憲基が自由に支配できるということであろう。当時関東分国内の闕所地の処分は公方が持つ権限であったが、これを持氏は上野・伊豆両国に関しては放棄したと言えよう。これは持氏の憲基懐柔策とも考えられ、憲基の伊豆下向は、持氏に抵抗してのものであった可能性もあるかもしれない。八月二十二日の持氏御教書でも、憲基の申請に任せて、被官輩の知行分を充行っている（同前）。文面によると持氏は、この件に関する自身の裁断が「過失」であったことを認めている。山内上杉氏に気配りをしている持氏が想像できる。

3　持氏の近臣と扇谷上杉氏の台頭

一色左近将監　禅秀の乱後持氏が禅秀与党者などと称して諸氏を退治する過程で、持氏方の大将に任じられた人物は、持氏の信頼する諸将であり家臣であるといえよう。

上総国狼藉張本人を退治するため、応永二十五年（一四一八）五月九日に発向したのが「一色左近大夫将監」である（同年四月二十六日持氏御教書案写「楓軒文書纂《ふうけんもんじよさん》六十五諸家文書」）。彼は応永三十年八月の持氏による小栗《おぐり》氏討伐にも、持氏方の先手の大将として登場するが（「鎌倉大草紙」）、実名は分からない。ここで一色氏の動向をまとめてみよう。

禅秀の乱の持氏方大将として「一色宮内大輔《くないたいふ》」がいた（応永二十四年正月日「烟田文書」）。彼「宮内大輔直兼《なおかね》」は長沼氏家人の戦功を持氏に注申している（応永二十六年五月二十六日「長沼文書」）。直兼は後の永享期に至るも持氏方大将として合戦に発向している（〈永享七年カ〉六月十一日「石川文書」）。そして永享の乱の最中の永享十年十一月七日、持氏の讒臣として武蔵国称名寺《しようみようじ》（神奈川県横浜市）で切腹させられた（「永享記《えいきようき》」）。その頸が十二月八日京都に届けられたという（「師郷記《もろさとき》」）。

「鎌倉大草紙」は禅秀の乱勃発時、御所から佐介に移る持氏の従者の筆頭に「一色兵部《ひようぶ》大輔子息左馬助、同左京亮、讃州兄弟、掃部助、同左馬助」を載せている。いずれも実名は不詳である。一色氏に関してはこの時期反持氏方についた人物はいないようである。

応永三十三年の甲斐国武田氏の討伐に大将として発向を命じられた「一色刑部《ぎようぶ》大輔持家《もちいえ》」（「鎌倉大草紙」）は、同年八月十一日の持氏御教書にみえる、江戸氏の戦功を注申した「刑部少輔《しようゆう》持家」（「江戸文書」）と同人であり、持家の名は持氏から一字を与えられたものか。この持家にこの頃相模守護としての徴証がある。応永三十三年と推測される十二月十九日付の一色持家書状の端書《はしがき》に、「関東一色殿相州守護」とみえている（「前田家所蔵文書実相院及東寺宝菩提院文書」）。伝統的相模守護三浦氏から召し上げての守護補任と考えられ、このことはやがて三浦氏の持氏からの離反を招くことになる。なお持家の守護としての遵行状は応永三十四年二月十七日に確認される（「法華堂文書」）。持家は降る永享四年（一四三二）四月二十八日持氏を筆頭とする大山寺造営奉加帳にも、一色直兼と並んで名を連ねている（「相州文書所収大山寺八大坊文書」）。なお『姓氏家系大辞典』は持氏滅亡後の永享十一年「一色刑部少輔」が鎌倉から三河国へ移り一色城を築いたとの説を載せている。

更に前述したが持氏の母は一色範直の姉とされており、その母に持氏は、応永二十四年閏五月二十四日と同年十月十七日に上総国内に料所を進めた（「上杉家文書」）。

上杉持定　応永二十五年四月二十九日持氏は新田ならびに岩松余類退治と称して、「治部少輔持《じぶしょうゆうもち》定《さだ》」を大将として遣わしたことを武州南一揆中に伝え、忠節を命じた（「武州文書十宮本氏所蔵文書」）。この時期の南一揆の持氏への忠節は著しかったらしく、昨二十四年十二月二十六日政所方公事《くじ》等を五ヵ年間免除されていた（同前）。前述したが岩松満純は禅秀の婿であり、反持氏方として禅秀の乱に参画し、乱後間もなく持氏は岩松討伐を行い、ついに閏五月十三日に満純を誅した（「生田本鎌倉大日記」）。その後も岩松余類の退治に持氏はこだわっていた。

さてこの治部少輔持定は上杉氏とみられる。禅秀の乱で持氏方として戦った「上杉弾正少弼氏定父子」（「鎌倉大草紙」）がいるが、その氏定の子持定であろう。扇谷に住む上杉氏である。この時期まで に鎌倉府内で活躍した上杉氏は山内家と犬懸家であったが、禅秀の乱を境に関東における犬懸家は力 を失い、山内家が憲基《のりもと》のあと憲実《のりざね》・憲忠《のりただ》としばらくの間活躍が続くが、やがて扇谷家が関東の政治の 表舞台で活躍することになる。氏定は禅秀の乱で死に、持定は系図によれば応永二十六年五月一日十 八歳で早世してしまうが、その子持朝《もちとも》以降の活躍が顕著となる。

ところで「康富記《やすとみき》」応永二十五年十二月二十五日条に「坂東上杉兵庫上洛」とみえ、彼はその後も 在京して、正長二年（一四二九）八月十五日には室町殿（将軍義教）にお目にかかったと記されてい るが、この上杉兵庫とは誰か。応永二十六年八月十五日の持氏御教書写は、「兵庫助憲国《のりくに》幷禅秀」に 同意していたことが露顕した恩田氏を糺明しようとしたが没落したので、現れ次第戦功を抽じるよう、 持氏が南一揆中に命じている内容である（「武州文書十宮本氏所蔵文書」）。『神奈川県史』（資料編古代・ 中世3上）は憲国を上杉氏とみている。「康富記」の上杉兵庫と同一人とすると、彼は禅秀与党者と いうことになる。上杉憲国は山内の祖憲顕の子憲英（庁鼻和《こばなわ》氏を称す）の子である。兄憲光《のりみつ》が庁鼻和 氏を継ぎ、憲国は「只懸《ただがけ》兵庫助」とみえる。禅秀方の憲国が乱後上洛して幕府に許されていることに なり、禅秀の子憲顕らと同じ処遇を受けたのであろうか。本項の主題からは離れるが付記しておく。

木戸範懐　応永二十六年三月上総国坂水城合戦における鹿島幹胤《かしまもとたね》の戦功を注申している「木戸内《たく》 匠助範懐《みのすけのりかね》」がいる（同年五月八日持氏御教書案「烟田文書」）。なお『千葉県の地名』によると、坂水城は坂本城の誤りとされ、現在の千葉県長南町坂本に比定されている）。範懐自身も持氏方大将として発向していた。同三十年の小栗征伐の時も持氏方大将として参戦した（「鎌倉大草紙」）。去る禅秀の乱で「鎌倉在国衆には木戸内匠助伯父甥」らを初めとして百余人が禅秀に同心したという記述が「鎌倉大草紙」にあり、内匠助・伯父・甥と読めば範懐は乱後に持氏方となったことになるが、内匠助を伯父にかかる修飾語とみて彼自身は元来持氏方であったとみておきたい。禅秀の乱で持氏を奉じた木戸満範と親族か。

上杉定頼　応永二十九年六月十三日持氏は小山満泰《みつやす》に対して、小栗満重《みつしげ》退治のため「上杉三郎」を差し遣わす故、その陣に馳せ向かい忠節を励むよう命じた（「松平基則氏所蔵文書」）。上杉三郎は定《さだ》頼《より》のことで、小山田《おやまだ》を称する上杉氏で、系図には「扇谷名代」とみえている。定頼は応永二十七年十二月二十一日、裁判に関係して訴状内容の実否調査を持氏に命じられている（「浄光明寺文書」）。同三十年二月の常陸国坂戸《さかど》（茨城県岩瀬町）合戦にも、定頼は大将として出陣した（「一木文書」『茨城県史料』中世編Ⅲ）。この定頼が応永二十八年に相模守護、同三十年に安房守護であったとの説があり、持氏が自分の近臣一色氏を相模守護に任じた例もあり、定頼が一時期在職した可能性も考えられるが、疑念も残る（『乱世の鎌倉』）。だが定頼が持氏に近侍し持氏の意を帯して活躍していたことは確かである。永享七年に至るも持氏方大将として戦いに発向している（永享七年と推定される六月十一日持氏書状「石川文書」）。

上杉憲家　応永二十九年閏十月十三日佐竹（山入）与義に不審な動きがあり、大将として「上杉淡路守《あわじのかみ》」が派遣された（「生田本鎌倉大日記」）。彼は同三十二年八月十六日にも甲斐国の武田信長《のぶなが》を退治するため、旗を賜って発向した（同前）。「生田本鎌倉大日記」によれば淡路守は陸奥守《むつのかみ》子息とされる。陸奥守は宅間上杉氏の憲直《のりなお》であり、持氏方として永享の乱に際し自害した。その憲直の子憲家《のりいえ》が淡路守を称している。上杉系図は憲家の母を一色宮内少輔（大輔とも）娘と記す。

右は持氏が応永二十五年から三十年頃にかけて行った合戦に、持氏方の大将として合戦に臨んだことが史料上確認できる諸士である。彼らが持氏の信頼を得ていたことは想像に難くない。彼らの他にも宍戸氏をはじめいわゆる近臣（奉公衆）は存在した。

4　上杉憲実の登場

憲実越後で生まれる　関東公方足利持氏の治世の中で、持氏と大きく関わった関東管領は、前述の禅秀とここに登場する憲実《のりざね》である。

憲実が生まれた年は、持氏が十三歳で元服した応永十七年（一四一〇）である。憲実の生年を明記した良質の史料はなく、没年月日に関しても諸説あるが（『上杉憲実』）、「蔭凉軒日録《いんりょうけんにちろく》」文正元年（一四六六）閏二月十六日条に、死去して間もない時の憲実のことが記されている。「大内氏実録」の記すように同年閏二月六日に五十七歳で死去したとすると、応永十七年生まれとなる。憲実の判始が応永三十一年（一四二四）二月二十一日とされ（「生田本鎌倉大日記」）、十五歳で判始を行う武家の慣習に合致する。

なお「醍醐寺文書」中応永二十五年と推定できる三月二十七日の足利義持御判御教書案における醍醐寺側の注記によると、関東管領上杉憲基が死去した応永二十五年には、房方《ふさかた》の子息で憲基《のりもと》の猶子となった憲実は「十歳云々」とされる（二〇函）。これを採ると憲実の判始が十六歳となり、一般的慣習にはずれるので今は採らない。

さて憲実は鎌倉から遠く離れた越後国の生まれである。越後上杉氏の屋敷は今の新潟県上越市にあった（小島幸雄氏「伝至徳寺跡の調査」『日本歴史』五五六号）。上杉氏が越後守護に任じられた最初は憲顕（山内家の祖）で、暦応四年（一三四一）六月を溯る可能性もあるとされる（『室町幕府守護制度の研究』上）。憲顕は観応擾乱期に一時罷免されたがのち復帰し、没する応安元年（一三六八）九月まで在職したとみられている。その跡を継いだのは憲顕の子憲栄であるが、永和四年（一三七八）七月以降遁世してしまった。そのため鎌倉の山内家の房方（憲顕の孫、憲方の子）が迎えられ、越後上杉氏を継いだ。憲実はこの房方の三男として生まれ、幼名を孔雀丸《くじやくまる》と称した。

禅秀の乱の時公方持氏を奉じて立ち一時越後国へ逃れた憲基は、応永二十四年正月禅秀らの自害後鎌倉に戻ったが、この越後逃避の時に孔雀丸と相見えたか否かは知る由もないが、成年になっても男

図16　上杉憲実像
（新潟県塩沢町雲洞庵蔵）

子がいなかった憲基の後継者として選ばれたのが孔雀丸であった。継嗣決定には紆余曲折があったらしいが（「簗田《やなだ》系図」）、山内家を継ぐということは、関東管領になることが約束されているということであり、結局越後上杉氏の三男坊孔雀丸がやがて関東の政局に大きく関わることになる。

「臥雲日件録抜尤」等が記すように、憲実が九歳で鎌倉に入ったとすると、それは応永二十五年であり、元服前であった。憲基の死が同年正月四日であるので、憲実が鎌倉に入ったのは憲基死後の可能性が高かろう。

関東管領となる　憲実が文書に登場する初見史料は、応永二十六年八月二十八日の足利義持御判御教書とみられ、「伊豆・上野両国守護職」に「上杉四郎憲実」を補任するという内容である（「上杉家文書」）。この時には孔雀丸はすでに元服して憲実と名乗っていた。おそらく同年に十歳で元服した山内家家督憲実に対して、将軍が山内家の領国伊豆・上野の守護職を与えたとみられる。では関東管領には何時補任されたのか。これについては明証がない。領国の守護となる前に管領に任じられることはないであろうとの見解があるが（『鎌倉市史』総説編）、必ずしもそうとは言えず、憲実の場合は守護補任と同じ頃に関東管領にも補任されたとみておきたい（『上杉憲実』）。憲実の管領在職の徴証は、翌応永二十七年四月十九日には認められる（「鹿王院文書」）。応永二十六年の公方持氏は二十二歳、管領は十歳であり、この時期前述の諸士討伐にもみられるような、持氏の恣《ほしいまま》の独裁政治が行われた。憲実は持氏の命により合戦に大将として発向しても、「いまだ判形あたわざるのあいだ」（原漢文）、つまりまだ花押を持たないので、武士たちの軍忠《ぐんちゅうじょう》状に証判（確認したことを示す花押）を据えることができなかった（応永三十年八月日「烟田文書」等）。その憲実が判始を行ったのは、前にも記したが応永三十一年二月二十一日である。十五歳になった憲実は、自身の花押を据えて文書を出すことができる、名実ともに一人前の関東管領となった。

5　「鎌倉年中行事」

成立について　「鎌倉年中行事」は別に「殿中以下年中行事」「成氏《しげうじ》年中行事」とも呼ばれ、群書類従本は享徳三年（一四五四）、内閣文庫本は享徳五年六月朔日に成立したとされる鎌倉府関係の年中行事等を記したものである。全体としての成立は享徳期（足利成氏期）としても、記述の中にそれ以前つまり持氏期の実態を記す原型部分があることを佐藤博信氏が指摘され（「『殿中以下年中行事』に関する一考察」『民衆史研究』一〇）、私案では応永二十年代後半から三十年代にかけての頃の実態と推測される（「年中行事にみる鎌倉府」『神奈川県史研究』四九）。それは公方持氏が恣に政務を行った彼の絶頂期にあたる。「鎌倉年中行事」自体は家臣海老名氏の著作であろうが、原型部分から持氏の意識を探ることはできよう。

将軍と関東公方は対等

冒頭部分に「京都鎌倉ノ御両殿ハ、天子ノ代官として、諸侍の忠否の浅深ヲ糺し、御政務有るべき職ニテマシマス」（一部原漢文）という文言がある。ここからは同じ足利氏である京都の将軍家と鎌倉の公方家とが対等であるとの認識が窺える。持氏は自分が将軍家と同じ足利氏の出であることを強く意識していたと思われ、正月元日に公方が行う手水式《ちょうずしき》（手や顔などを水で洗い清める儀式）に奉仕する年男《としおとこ》を、足利氏出自の地である下野国足利より招いていた。足利氏の嫡流はもちろん将軍家であり、関東公方家は二代将軍義詮の弟基氏の系統であり、つまり庶流である。関東公方は元服に際し、将軍を烏帽子親として将軍の名の一字（「義」以外の文字）を与えられる慣習であった。このように烏帽子親子の関係にある将軍と関東公方であるが、武家社会で古くから盛んに行われていた八朔《はっさく》贈答（八月一日に主や目上の人に贈り物をすること。後述）を、関東公方が将軍に対して行っていた形跡がない。地理的に遠隔ということ以上に、鎌倉府の主は意識の上で独立しており、将軍家とは対等であるとの理念があったと言えようか。かつて持氏の父満兼も京都の義満に取って替わろうとして、西国の大内氏と手を結んで挙兵したことがあり、祖父氏満もしかりであった歴史がそれを物語っているかもしれない。四代関東公方持氏も将軍になりたいとの野望を持っていた。

持氏は応永三十二年十一月、義持の猶子となって上洛奉公したいと願い出た（「看聞日記」同月三十日条）。この年二月に義量《よしかず》を失い他に男子のいない義持は、将軍職空白のまま自ら政務を執っていた。この時持氏の命で使者にたったのは建長寺長老であったが、あまりに「難儀」な申し出であったため、使者は義持に会うこともできなかったという。この翌年応永三十三年正月十六日持氏は花押を改めた。新しい花押（一五九頁の足利持氏血書願文参照）は将軍家代々の花押の特徴（佐藤進一氏「花押小史―類型の変遷を中心に―」『書の日本史』九）を組み入れたと思われる型である。持氏の将軍職への意欲の表れではなかろうか。

正月椀飯　家臣が主君を饗応して主従関係をより緊密なものとする意味をもつ椀飯《おうばん》は武家社会では非常に重視され、特に正月椀飯は重要な行事であった。「鎌倉年中行事」によってみてみよう。

元日―「管領ヨリ参る」

二日―「相州守護ヨリ一年、房州の守護ヨリ一年、隔年に参る」

三日―「常州・野州ヨリ隔年ニ参る」

七日―「政所より参る」

十五日―「上総より一年、下総より一年参る」（以上、一部原漢文）

相模・安房・常陸・下野・上総・下総の六カ国が列記されているところから推して、関東分国内（陸奥・出羽両国は支配形態が異なるので除かれていると考えられる）守護に勤仕の義務があったと思われる。この時期の管領は山内上杉氏、従って管領兼帯の武蔵国と、山内上杉氏領国の上野・伊豆国は、元日の管領の勤仕に包含されるので記されていない。更に甲斐国が除かれているのは、応永末期のこの頃守護が在京しており、椀飯勤仕が不可能であったと考えられ、それに代わって鎌倉府の財政を掌る政所が執り行ったと理解される（『乱世の鎌倉』）。

社寺参詣　「鎌倉年中行事」によると、正月十一日の評定始（吉書《きっしょ》始）に儀礼的に披露される三か条は「皇大神宮伊勢ノ御事」「八幡宮鶴岡之御事」「勝長寿院《しょうちょうじゅいん》之御事」であった。皇室が崇敬する伊勢神宮、源氏の守護神である鶴岡八幡宮、源頼朝が父義朝の菩提を弔うため建立した鎌倉の大御堂《おおみどう》にある勝長寿院のことである。

年の始めに公方自身が参詣するのはまず鶴岡八幡宮であった。二十日前後の吉日に実施される。御所から鶴岡に直行し、帰途路次にある荏柄天神《えがらてんじん》・熊野社《くまのしゃ》・稲荷社《いなりしゃ》・御所ノ御上之八幡に詣でて御所に戻る。その後真言院《しんごんいん》地蔵《じぞう》（黒地蔵と号す）や明王院《みょうおういん》（五大堂と号す）・雪下今宮・瀬戸の三島大明神・極楽寺等の参詣が続く。

そして二月始めには「御寺御焼香」が行われた。「御寺」とは左の十二ヵ寺である。

浄妙寺（文治四年足利義兼の開創、中興開基は足利貞氏）
長寿寺（開基は足利尊氏。四四頁参照）
大休寺（開基は足利直義）

延福寺《えんぷくじ》（開基は足利貞氏室）
瑞泉寺（足利基氏墓所）
長徳寺《ちょうとくじ》（現在横須賀市長井にある寺で、足利氏満が天下安全祈禱を命じた御教書を伝えている）
永安寺（足利氏満墓所）
勝光院（足利満兼墓所）
太平寺（基氏夫人清渓尼の中興）
天寿院《てんじゅいん》
冷光院《れいこういん》
保寿院（基氏保母清江禅尼の菩提寺）

すべて足利氏に関係深い寺院とみてよかろう。その後も適宜鎌倉にある寺社への参詣は行われた。盆には禅秀の乱で亡くなった人々の弔いが扇谷の海蔵寺《かいぞうじ》に命じられた。

八朔贈答　八月朔日（一日）は「八朔御祝」といわれ、「皆々御頼《おたのみ》進上」とあるように憑むところの人に贈り物をする行事である。元来八朔は「たのみ（田の実・憑み）の節」といわれ、八月一日に農民が初穂の田の実（新穀）を持って憑むところの主家に挨拶に行ったのが始まりとされ、島根県に残る風習が昔のままの姿をを伝えていると言われている（『年中行事辞典』）。従ってこの日の贈り物は、主家《しゅか》（目上）に対する遣い物であった。農民の間における主家への田の実の贈り物が、農村出身の武士によって武家社会にもたらされ、主従性を重んじるこの社会で盛んに行われるようになったと思われる。

武家社会の八朔贈答の行事は、すでに宝治元年（一二四七）頃御家人たちによる将軍への贈り物の習慣が相当に行き渡っていたらしく、この年将軍への贈り物は両後見（執権と連署か）のほかは禁止された（『吾妻鏡』）。足利将軍の時代になってこの風習はさらに盛行した。夢窓疎石は足利尊氏への贈り物について、「八月一日などに、諸人の進物ども、数もしらずなりしかども、皆、人に下し給しほどに、夕に何ありともおぼえずとぞ承し」（『梅松論』下）と語ったとされ、尊氏の心広く物惜しみしない人柄を示すエピソードと言われる。一方八朔の贈り物行事に批判的であったのは尊氏の弟直義であり、彼は贈り物を受けなかったという（『光明院宸記《しんき》』康永四年八月一日条）。光明天皇もこの行事を批判して、近頃のように天下は不安定で、かつ世の中は困窮の民が飢えているというのに、財力の限りをもって贈り物をして、どうして民を富ませることができようか、と日記に書いている（同前）。この頃になると、武家・公家・僧侶・庶民の間で、かつ階層をも越えて互いに贈りあう形式になっていた。将軍が朝廷に対して行う八朔御憑み贈答も、応永三十年（一四二三）足利義持の時には認められ、三日間にわたって贈答行事があり、朝廷からも還礼品《わんれいひん》（お返し）が武家に届けられた（『兼宣公《かねのぶこう》記《き》』）。

さて鎌倉府の八朔行事については記録が乏しく、「鎌倉年中行事」に諸人による公方への贈り物の記述があるくらいである。「御頼進上」と称して、公方の兄弟・護持僧・管領・奉公衆・外様は言うに及ばず、在国の武士も贈り物をしている。品物としては「剱」「唐物《からもの》」「馬」がみえる。兄弟・管領からの贈り物は公方自身が使者に対面して受納するが、その他は帳簿に記して、剱・唐物・馬などそれぞれ指定された場所に置いて帰る。公方からの返礼も慣例として行われた。先にも触れたが、この「鎌倉年中行事」には関東公方自身が行った御憑み贈答の記事はない。京都将軍家や朝廷に対して関東公方が贈り物をしていなかったとは言い切れまいが、持氏の意識としては、将軍家とは対等との考えがあるので、将軍に対する御憑みの贈り物はなかった可能性が高かろう。

6　持氏と義持

従三位となる　応永二十四年十二月一日将軍義持の嫡子義量が元服したが、その翌年六月持氏は宍戸氏を幕府に遣わし義量の元服を賀した（「満済准后日記」同年六月十三日条）。

さて「喜連川判鑑」によると、応永二十七年（一四二〇）十二月持氏は従三位に叙せられたとされる。「公卿補任」は月日は記さず応永二十七年に叙任の記事を掲げ、一本には「初見」との注記があるという。一方「花営三代記」は応永二十八年正月二十六日の関東使節木戸駿河守の上洛は、「去々年鎌倉殿左兵衛督持氏従三位御昇進御礼」のためと記す。去々年と言えば応永二十六年であり、かなり時が経過しているが、同書は続けて「去年十月御所様御違例御本復目出」ることも木戸氏の上洛の目的に含まれていたと記しており、応永二十七年十月の義持病気平癒のことは「康富記」にもみえている（同年十月十一日条）。従って持氏の従三位昇進は応永二十六年のことか翌二十七年のことか判然としないが、その頃幕府の推挙を得て公卿に列した持氏が、応永二十八年正月に木戸氏を使者として謝礼をしているのは確かである。

この時持氏が義持に遣わした礼物は「太刀一腰金」「馬三疋」であり、これに対して義持は太刀一振と金蘭一端分一枚を持氏に贈って賀した（「昔御内書符案」）。この時期までは持氏（鎌倉府）と義持（幕府）との関係は良好であったとみてよかろう。応永二十九年以降両者は不穏な関係になってしまうが、それは京都幕府から扶持を受けている関東分国内武士の討伐を持氏が始めたからである。

京都扶持衆を討つ　幕府の扶持を受けている幕府分国外の武士のことを、「京都様御扶持」（「満済准后日記」）等と記している史料から、京都扶持衆と呼んでいる。東国における京都扶持衆のことが史料にみえるのは、応永三十年以後のことである。扶持衆として有名なのは宇都宮・佐竹（山入）・常陸大掾・小栗・真壁《まかべ》・那須・結城白河・桃井《もものい》氏等であり、多くは溯る禅秀の乱勃発時に禅秀方として参画した面々である。禅秀の乱によって表面化した関東における反持氏勢力と幕府が結び付いたという一面もあるであろう。彼ら扶持衆は直接幕府からの御教書を受けて命に従い、鎌倉府（関東公方）の動向を使者をもって幕府に注進していたと思われる。

すでに応永二十五年五月頃から桃井宣義《のぶよし》・小栗満重《みつしげ》の陰謀が露顕しており、持氏は長沼氏等に退治を命じているが（「皆川文書」）、同二十九年八月に至り小栗・宇都宮・桃井氏らが持氏に反逆する事件が起こった。鎌倉府は討伐軍を出したが決着をみなかった。閏十月には持氏に反逆した佐竹（山入）与義が鎌倉府軍に敗れ、鎌倉法華堂で自害した。続いて応永三十年五月以降には持氏自身発向して小栗満重および下野国宇都宮持綱を、さらには桃井・佐々木氏らを誅した（「喜連川判鑑」）。京都の満済は関東雑説に対する祈りを六月二十三日より始めている（「満済准后日記」）。その頃京都では「関東の事、京都より御扶持の輩、大略滅亡の由、その聴え有り」（原漢文、「兼宣公記」応永三十年八月十七日条）と伝えられていた。

持氏によるこの時の京都扶持衆討伐は、義持の怒りをかった。義持は諸寺社に対して持氏呪詛の祈禱を行わせる一方、駿河国の今川氏に持氏を討たせようともした。持氏は応永三十年十一月に至って謝罪の使者を上洛させ、翌年二月ようやく義持との間に和解が成立した。満済はこの和睦は天下大慶のことであるとして「撫民御善政、多幸々々」と日記に記した（応永三十一年二月五日条）。

基氏を偲ぶ持氏　父満兼の十三回忌にあたる応永二十七年の二月二十九日、父の菩提を弔うため足利家菩提寺である鎌倉の別願寺に持氏は寄進を行った（「別願寺文書」）。同二十九年閏十月七日に武蔵国清河寺《せいがじ》（埼玉県大宮市）を、また同月二十一日に同国瀬崎《せざき》勝福寺《しょうふくじ》（神奈川県川崎市か）を持氏は祈願所とした（「清河寺文書」「喜連川家御書案留書」）。清河寺は縁起によると、延文五年（一三六〇）基氏が兄竹若の菩提を弔うため創建したと伝えられる（『埼玉県の地名』）。そして同三十年五月二十六日持氏は高野山金剛三昧院《こんごうざんまいいん》に曼荼羅供諷誦文を捧げた（「金剛三昧院文書」）。今は亡い「瑞泉寺三品左武衛尊霊」つまり曾祖父基氏を偲んでの追善供養であった。持氏がこの時期に基氏に思いを馳せた心情を諷誦文から推測すると、関東の覇者としての自らの家系の祖として基氏を敬っていたとみられる。

同年の十一月三十日持氏は那智《なち》大社の祈禱精誠《せいせい》（真心を込めた祈禱）を賞している（「那智大社文書」）。関東が基盤である持氏が西の方の寺社と関わりを深めているのは、父満兼らの考えと類似したものなのか。一方で持氏は叔父稲村御所満貞が応永三十一年十一月鎌倉に来たことをことのほか喜んで、公方家に伝わる剱などの宝物を進上したという（「鎌倉大草紙」）。この背景には、同じ叔父の篠川御所満直が京都幕府の味方となっていたことが考えられる（「満済准后日記」応永三十一年正月二十四日条）。この頃持氏は母一色氏に武蔵国内に料所を進めているが（応永三十一年六月二日及び十七日「上杉家文書」）、身内に心が動いているところに、野心家持氏の孤独が垣間みられようか。降って持氏は祖父氏満の三十三回仏事も営んでいる（正長三年十月日岩松土用安丸代満春申状写「正木文書」）。

禅秀遺児の処遇　持氏は禅秀遺児の討伐にも意を注いでいた（応永二十七年七月二十日「松平基則氏所蔵文書」）。京都に逃れ将軍家に仕えていた禅秀の子憲顕《のりあき》（憲秋）・教朝《のりとも》が、応永二十九年にわかに関東に下り、伊豆国や相模国で「代官御家人等」を殺害し、京都に帰った（「喜連川判鑑」）。父の恨みをはらすための行動と推測される。この行為に憤慨した持氏が幕府に申し入れをしたらしく、応永三十一年三月幕府は使者を鎌倉に遣わし和睦しようとしたが、持氏は受け入れず、五月使者はむなしく帰京した。そして九月再び幕府の使者が鎌倉に下向し、憲顕兄弟を召し放つことを条件に京都と鎌倉は和解し、将軍への礼として江戸遠江守が上洛した（同前）。持氏は禅秀に対する怨念を長く引きずっていたとみられる。応永三十年代以降持氏は頑なに幕府（将軍）のやることに抵抗し続けることになる。

駿河大森氏への接近　禅秀の乱で持氏にとって命の恩人的存在であった駿河国の大森氏に対して、乱後持氏は勲功賞として相模国小田原を含む土肥・土屋氏（禅秀方）の跡を与えたと推測され（「鎌倉大草紙」）、これを機に大森氏は小田原に進出することになる。その大森氏の菩提寺とみられる駿河国駿東郡の般若梵篋寺《はんにゃぼんきょうじ》（静岡県御殿場市にある二岡神社の神宮寺）に、持氏は応永三十二年九月五日祈禱を命じた（「内海文書」）。ここが持氏の祈禱所となっていた可能性も考えられ、禅秀の乱後関東分国外への味方作りを画策する持氏と、関東分国相模への進出を目論む大森氏との利害が一致して、絆を深めつつあったとみられる。

伊豆支配の特質　前述のように山内上杉氏領国における持氏の支配力は、応永二十四年（一四一七）閏五月以降制限されたものとなった。上杉氏領国の一つ伊豆国については、その後持氏が種々の手を打っている様子が窺える。同年十月十四日初めて同国三嶋社に所領を寄進した（「三嶋大社文書」）。持氏の三島信仰の表明であろうが、持氏自身が三島明神への社参を行ったのは武蔵国六浦（神奈川県横浜市）の瀬戸三島社であり、持氏は年中行事の一つとして度々出向いている。特に四月と十一月の祭礼には、本社である伊豆国三嶋社へ代官を遣わし、自筆の紺紙金泥の心経と神馬を奉納させ、持氏自身は瀬戸三島社へ参詣した。伊豆国三嶋社には修験の性格があるといわれ（『三島市誌』中巻）、持氏の三島信仰の本音は伊豆国における修験者等の味方作りにあったかもしれない。

さて現在静岡県湖西市妙立寺《みょうりゅうじ》に所蔵されている涅槃図《ねはんず》（絹本着色、縦約一二〇、横約七四センチメートル）は、もとは伊豆国妙高寺《みょうこうじ》（静岡県函南町）にあったものという。その涅槃図の下方中心部には持氏の花押が据えられており、この花押は持氏が応永二十四年から同三十三年正月にかけて使用していた型である。恐らくこの涅槃図はこの間のいずれかの時期に持氏が妙高寺に寄進したのであろう。日蓮宗妙高寺（古くは妙光寺）は京都妙満寺《みょうまんじ》の末寺であったとされ、その妙満寺は幕府の権力に屈しない行動をとっており、それを意識して持氏は妙満寺末寺の妙高寺に接近したのか。加えて妙高寺の近隣には上杉氏家督の所領平井郷が存在し、持氏が上杉氏の動きを監視する意図もあって同寺に接近したのか。

持氏が伊豆国内の寺院に接近している例は他にもある。やはり上杉氏所領河津荘重守《しげもり》（静岡県河津町）の付近に持氏と関わりの深い寺院が二つある。一つは普門院《ふもんいん》で、持氏の甥宗範《むねのり》が同院を開く際に持氏が寺田を寄進したと伝えられ、また持氏は同院の開基ともされている（『河津町の寺院』）。もう一つは栖足寺《せいそくじ》で、昭和十七年（一九四二）に供出するまで同寺にあった鐘の銘文の中に、持氏が同寺を

図17　涅　槃　図
（静岡県湖西市妙立寺蔵、静岡県歴史文化情報センター提供）

建てたと記されていたという（「豆州志稿」巻十一）。栖足寺の開創は鎌倉末期とされ、持氏は永享期に大旦那として寺堂・鐘楼等を修造したということらしい。その後正長三年（一四三〇、永享二年にあたるがこれについては後述する）近隣の林際寺《りんさいじ》にも持氏は所領を寄進している（「林際寺文書」）。

河津町には河津城と称される蔭山《かげやま》氏一族の城があった。その蔭山氏初代広氏《ひろうじ》が持氏の七男であるとの言い伝えがある（「寛政重修諸家譜」巻七九）。蔭山氏の出自はなお検討を要するとされるが、この地域と持氏との関わりは何か意図的なものも感じられる。寺院との接近を通して上杉氏領国内に関わりを保ちつつ、上杉氏の動向に注意を払っていたらしい持氏の姿が推測しえようか。

7　将軍義教との対立

義持の死と義教の登場　足利義持の唯一の男子である将軍義量が死んだのは応永三十二年（一四二五）二月二十七日、まだ十九歳の若さであった。この年十一月関東公方持氏は幕府に使者を遣わし、義持の猶子になりたいと請うたが、あまりに難題であったため使者は義持に対面もできなかったことは前述した。将軍職空白のまま幕政の主権を握っていた義持が、応永三十五年正月十八日後継者を決めないまま死去した。生前義持は満済（醍醐寺三宝院僧正で、幕政の最高顧問として重んじられた僧侶）に対して、その器の者がいないので決めかねている、またたとえ決めておいたとしても、大名たちがそれに従わないなら意味のないことだと言い、大名たちの計らいに任せると話していたと、武家伝奏《ぶけてんそう》万里小路時房《ときふさ》の日記「建内記《けんないき》」にみえている（同年正月十八日条）。その結果義持の弟たち四人の中からくじ引きで後継者を選ぶことになった。この時「他人の御猶子においては用い中すべからず」（原漢文、同前）、つまり血縁でない者は排除する方針であったとみられ、もしかしたら持氏を候補から除くことが大前提であったのかもしれない。「喜連川判鑑」によると義持は持氏を猶子とすることを約束していたとされ、管領畠山満家《みついえ》がこのことを不快として退けたため、これより「京都鎌倉不快」になったとされている。とにかく持氏を無視したくじ引きによって選ばれたのは青蓮院《しょうれんいん》准后義円《ぎえん》であり、還俗して義宣《よしのぶ》と称し、翌正長二年三月十五日には名を「義教《よしのり》」と改め征夷大将軍に任じられることになる。

さてこの義宣が足利氏の家督となったのちの正長《しょうちょう》元年五月七日、義宣は池より立った虹が口中に入る夢をみた。勘解由小路在方《かでのこうじありかた》の占いでは「御短命幷百日中兵乱」が起こるということであった（「建内記」同年五月二十三日条）。そんななか関東の持氏が上洛するとの報が京都に伝わった（同前、五月二十五日条）。今回の将軍家後継者選びに不満であった持氏が兵を率いて上洛すると受け取られたはずである。この持氏の上洛を思い止どまらせたのは、関東管領上杉憲実であった。諫言だけでは効き目がないと悟った憲実は、新田氏が鎌倉に攻めのぼってくると上野国（憲実の領国）から注進があったと持氏に言上した。これに驚き持氏は上洛を中止した。新田氏挙兵が憲実の考えによる嘘であったこと、なおも憲実が持氏を諫言し続けたことは、京都に伝わっていた。ここに鎌倉府における公方持氏と関東管領憲実の考え方に隔たりがあることがかいま見える。将軍家に執拗に対抗する持氏、京都との関係が平穏無事にと考える憲実、この二人の溝は徐々に広がってゆくのである。なおこの年の秋頃、伊勢の北畠《きたばたけ》満雅《みつまさ》が反幕の挙兵をしたが、彼は関東の持氏と連携した可能性も指摘されている(「満済准后日記」正長元年八月三日条。森茂暁氏『暗の歴史　後南朝―後醍醐流の抵抗と終焉―』)。一方義宣は陸奥国の篠川御所満直を始め伊達・蘆名氏等に御内書を遣わし、鎌倉の持氏に備えさせた(「満済准后日記」正長元年十月二日条)。この頃後小松上皇が持氏に征夷将軍の院宣《いんぜん》を成し遣わすとの風聞もあり、信濃守護小笠原政康《おがさわらまさやす》・駿河守護今川範政《のりまさ》の下国が決定された(同前、同年十月十六日条)。

正長二年三月に義教の将軍宣下《せんげ》があって半年が過ぎた頃、鎌倉府より初めて賀使が京都に遣わされたが、義教には披露されず、やむなく使者は鎌倉に帰った(同前、同年九月三日条)。この賀使派遣は、幕府に抵抗している持氏によるものではなく、京都と鎌倉の不和を憂慮する憲実の計らいであったであろうと渡辺世祐氏はみている(『関東中心足利時代之研究』)。

ちょうどこの頃陸奥国の満直が、鎌倉府を討ち関東の政権を握りたいと幕府に請うてきた。幕府では種々議論が交わされ、管領斯波義淳《よしあつ》・前管領畠山満家は満直の申し出は受け入れるべきでないと主張、山名・赤松《あかまつ》両氏は受け入れるべきであると主張するなど、意見は様々であった。義教は結局満直の希望通りの御内書を出した(「満済准后日記」正長二年九月二日条)。当時の幕政はいわゆる三管《さんかん》四職《ししき》

（管領に任じられる斯波・畠山・細川の三氏と、侍所の長官である所司に任じられる山名・一色・京極・赤松の四氏）のトップクラスの大名による合議制であったが、一方で管領の意見を無視した決定を義教が下しているところに、のちの義教の独裁政治の萌芽をみることができよう。

改元を無視する　正長二年（一四二九）九月五日京都で改元が行われ、元号が永享と改められた。前年に即位した後花園《ごはなぞの》天皇による改元であるが、義教にとっても将軍になって初めての改元である。おそらく数日後にはその報は鎌倉に届いたはずであるが、持氏はこの改元を無視して正長を使い続けた。朝廷が行う改元もそのうしろには幕府があるとして、義教の代になってからの改元を認めない態度をとって、義教への抵抗の意思表示をしたのである。

二年後幕府に謝罪のための使節が派遣されたが、それは憲実によってであった。持氏はその使節二階堂盛秀《もりひで》が正長四年（永享三年にあたる）三月十四日上洛したのちの四月二十七日に至るも、相変わらず正長四年を使用していた（「満済准后日記」「鶴岡神主家伝文書」）。盛秀は将軍への対面を度々願い出たが許されず、七月十九日に至って、管領斯波氏の懸命の説得もあって義教に対面することができたが、対面が遅れていた裏には、陸奥国の満直の強い反対があったとみられ、義教は大名たちに押し切られる形で仕方なく対面したという（「満済准后日記」永享三年七月二十四日条）。京都では関東使節が義教に対面できたことを喜び、これで天下は無事であろうと貞成《さだふさ》親王は日記に記した（「看聞日記」同年七月十九日条）。

「鎌倉九代後記」によると、鎌倉府はこの年の八月十八日より永享の年号を使用したという。鎌倉府関係文書では「永享三年十二月十八日」の文書が認められる（「大善寺文書」）。幕府と鎌倉府との和睦が成立した翌年の永享四年二月下旬、憲実は自身の使者を上洛させ、鎌倉府が押領していた幕府方所領の返還を申し出た（「満済准后日記」同年二月二十八日条）。この頃の憲実に対する幕府の見方は、「凡安房守、都鄙事一大事ト存スル者也」（同前、同年三月二十九日条）、つまり憲実という人は、京都と鎌倉との関係を最も大事に思う人物であるとの評価であった。持氏自身が永享年号を使用して発した文書は、永享四年三月二十日の小野崎《おのざき》越前三郎に充てた感状が古い（「阿保文書」）。

持氏の思惑　永享四年四月二十八日持氏は相模国大山寺造営奉加帳《ほうがちょう》の筆頭に名を記している。この時それぞれ馬一疋を寄進したのは、上杉憲実・武田信長・千葉胤直・一色持家・一色直兼・某理兼《ただかね》・東満康《とうみつやす》・梶原憲景《のりかげ》の八名である（「相州文書所収大山寺八大坊文書」）。彼らはこの時の関東分国内の守護等実力者であろう。公方持氏のもとに結束した形式を表明しつつ、修験で名高い大山寺の造営に寄進を行い味方作りを意図したものか。

この年将軍義教の富士下向が幕府内で協議されていた。それを知った憲実は八月、来年への延期を幕府に要請した。理由は関東では将軍の富士下向に関して「雑説《ぞうせつ》」が広まり、主持氏も「怖畏」しており、近隣の武士たちが万一の行動に出たら取り返しがつかないからと訴えた（「満済准后日記」同年八月三十日条）。この時の雑説というのは、おそらく幕府軍が関東へ攻めてくるというような、鎌倉府にとっては恐怖を抱く内容であったと思われる。しかし九月十日義教は京都を立ち、富士遊覧を無事終了し、二十八日には帰京した。義教としては持氏を威圧するために必要な政治的行為であったと言えよう。

永享四年十一月十五日持氏は鶴岡八幡宮に禁制を出した（「鶴岡八幡宮文書」）。初代基氏以来関東公方が発している「鶴岡八幡宮社内并近所禁制条々」である。文面によると同趣旨のものは溯る貞治元年十二月二十七日と至徳三年十一月十三日に定められたとみえており、基氏と氏満の代には出されたが、満兼は出さなかったようである。これにより持氏は公方としての存在を表明したかったのか。

永享五年三月甲斐守護武田信長が鎌倉を逐電して本国に逃げ帰った（「生田本鎌倉大日記」）。関東分国の守護は原則として鎌倉在住の義務があった。信長は甲斐国から幕府分国駿河に移ったため、六月持氏は幕府に信長の誅殺を要求した。幕府の裁断は、武田誅殺はよくないが武田氏を駿河国には置かないようにしようという、持氏にとっては不満なものであった（「満済准后日記」同年六月六日条）。

「満済准后日記」によると、ちょうど同じ頃駿河国の守護今川家に継嗣問題が起こっていた。持氏は関東の扇谷上杉氏と関わりのある者を支持したが、結局は幕府が支持する今川範忠《のりただ》が家を継ぎ守護となった。幕府領国内のことに敢えて口入《くにゅう》した持氏は、またも義教に敗北した形となった。

血書の願文　鎌倉の鶴岡八幡宮に足利持氏が奉納した願文が伝来している。一見朱墨で書いたと思われるほど鮮やかな赤い文字であり、朱墨に血を混ぜて認めたものと考えられている（「鶴岡八幡宮文書」）。

鶴岡において

大勝金剛尊等身造立の意趣は、武運長久・子孫繁栄・現当二世安楽のため、殊には呪咀の怨敵《おんてき》を未兆に攘い、関東の重任を億年に荷なわんがため、之を造立し奉る也、

永享六年三月十八日

従三位行左兵衛督源朝臣持氏（花押）

造立の間の奉行

上椙左衛門大夫（原漢文）

八幡宮は源氏の氏神であり、源氏である足利氏も、武家の棟梁となった尊氏以来厚く信仰した。関東公方足利氏の鶴岡八幡宮に対する帰依も所領寄進などに窺え、天下安全・武運長久を祈らせている。前述のように持氏は公方就任後間もなく鶴岡八幡宮に対して、沽却した所領の知行を認める代始の徳政を行っている。関東公方足利氏にとって、鶴岡八幡宮は大きな精神的よりどころであった。永享六年三月十八日公方持氏は、一大決心のもと血書で認めた願文を八幡宮に納めたのである。等身大の大勝金剛尊を上杉左衛門大夫（憲直か）を奉行として造立させたその意趣は、「武運長久・子孫繁栄・現当二世安楽のため、殊には呪詛の怨敵を未兆にはらい、関東の重任を億年ににならわんがため」というものであった。持氏がこの願文を血書で認めた本意は、意趣の後半部分に秘められていた。その文

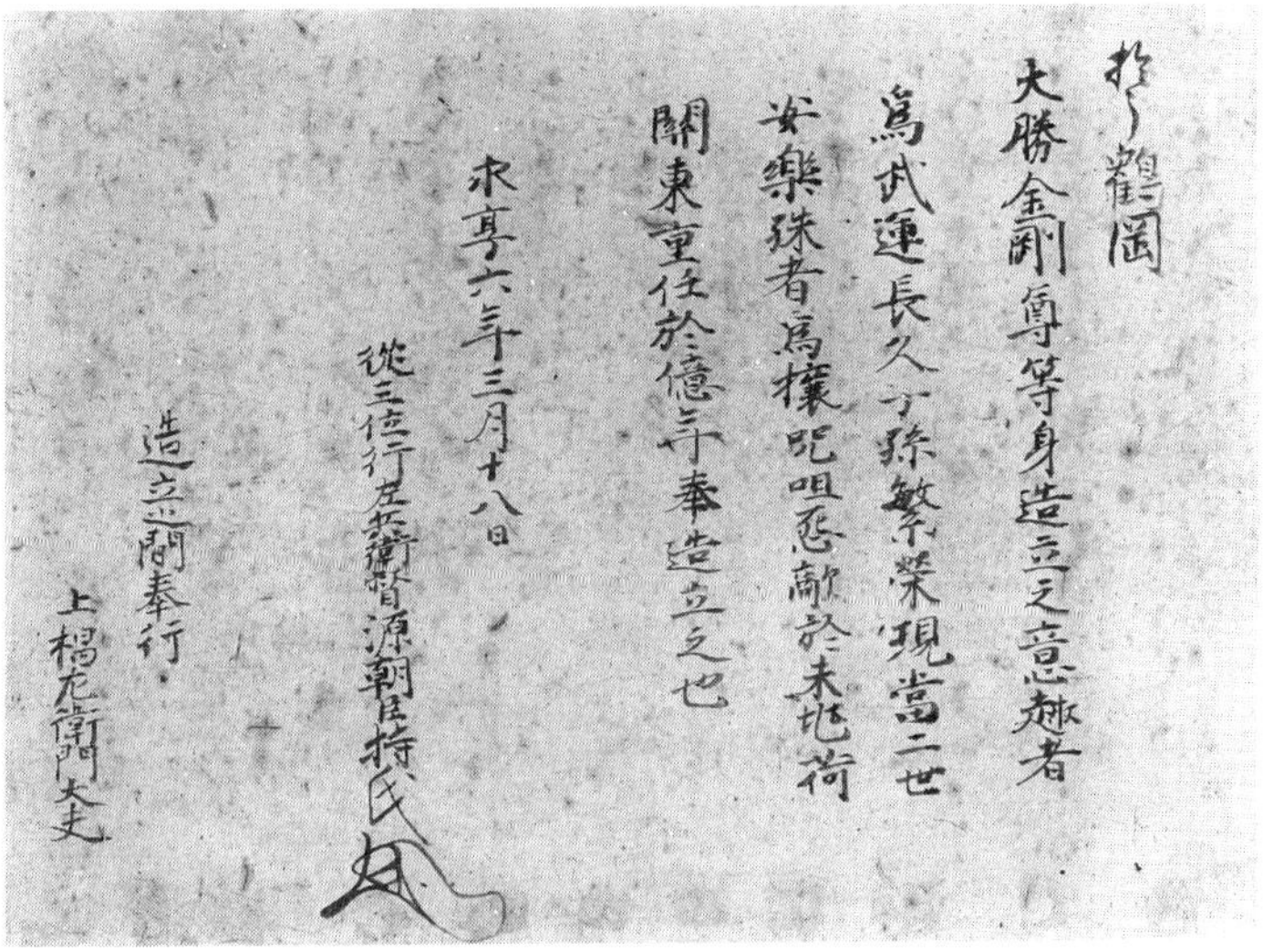
於鶴岡
大勝金剛尊等身造立之意趣者
為武運長久子孫繁栄現當二世
安樂殊者為攘呪咀怨敵於未兆荷
関東重任於億年奉造立之也
永享六年三月十八日
従三位行左兵衛督源朝臣持氏
造立之間奉行
上椙左衛門大夫

図18　永享6年3月18日付足利持氏血書願文
（鎌倉市鶴岡八幡宮、鎌倉国宝館提供）

意は、敵が未だ兆候をあらわさないうちにそれを払いのけ、いつまでも関東の支配をまっとうしたい、というものであった。持氏のいう「呪詛怨敵」、つまり呪いたいほど怨みのある敵とは、将軍義教を指していると考えられ、関東の重任の真意も天下の重任にあるのではないかと推測されている（『鎌倉市史』総説編）。持氏は義教打倒の決意を固めて、血書の願文を鶴岡に納めたのである。

この年五月頃より延暦寺が義教に背く動きをみせ、延暦寺と関東の持氏が同心しているとの風説が京都に流れた（「満済准后日記」永享六年七月四日条）。八月には延暦寺は義教を呪詛し、持氏に上洛を勧めたという（「看聞日記」同年八月十八日条）。このことは天下不穏の徴候とみなされ、幕府でも重大事として評議が重ねられた。十月に至ると駿河国の今川氏から「関東の野心既に現行」（原漢文）と幕府に報告された（「満済准后日記」同年十月二十八日条）。続いて今川氏からは持氏の「野心」（「看聞日記」同年十一月四日条によると上洛すること）のことは憲実が止め申しているので延引しているものの、持氏の心中は変わっていない旨報告された（「満済准后日記」同年十一月二十八日条）。持氏の義教に対する対立感情が、持氏の野心として幕府内で論議されており、京都と鎌倉の平和な関係をひたすら望む憲実は、持氏の意向を極力抑える方向に傾いていった。やがて持氏と憲実とは対立する間柄となってゆく。

「満済准后日記」などによると、永享六年から七年にかけて持氏は味方獲得に留意している。前述の延暦寺との同心のほか、駿河国の国人を味方に入れ、さらに三河国の国人等をも勧誘している。しかしこのことは幕府に露顕しており、不成功に終わったようである。分国外の与党作りに加えて、分国内では京都扶持衆を征伐したり、また東国の諸将をして陸奥国の満直を攻めさせたが、これも不首尾に終わった。幕府も関東分国を包囲する形で、隣接する越後・信濃・駿河諸国に鎌倉府制圧のための準備をさせ、陸奥国の満直とも連絡をとっていた。

「看聞日記」によれば、永享七年十一月二十七日関東から馬数十疋が幕府に進上されたとみえ、一時平穏がおとずれた。

8　永享の乱と持氏の死

信濃出兵　幕府分国信濃国の豪族村上氏は関東公方と好《よしみ》を通じていたらしいが（「永享記」）、その村上頼清《よりきよ》から持氏に支援の要請があったのは永享八年（一四三六）であった。信濃国内で守護小笠原政康と領土のことで対立した頼清が、幕府の権力を背景とする政康に対抗するためであった（「喜連川判鑑」）。援軍要請に応じて持氏は信濃国へ軍を派遣することにした。これを知った憲実は「信州は京都の御分国也、小笠原は彼守護人、京都の御家人也、彼を御退治、京都への不義たるへし」（「永享記」）と、主持氏を懸命に説いたが、持氏はこれを無視して支援軍を派遣した。憲実はやむなく自らの兵をもって鎌倉府軍の信濃国侵入を阻止した（「鎌倉九代後記」）。

永享の法難　同じ永享八年、ますます社会的広がりをみせていた鎌倉の日蓮宗は危機に遭遇した。持氏による圧迫が加えられたのである。『日蓮宗教団全史』（上）によって紹介しよう。日蓮宗の日出《にっしゅつ》が鎌倉で諸宗折伏《しゃくぶく》を盛んに行っていたのに怒った宝戒寺《ほうかいじ》の僧心海《しんかい》が、日出に宗論を挑んだ。閏五月に問答が開始されたが、結果は心海の惨敗に終わった。当時持氏の帰依を得ていた心海は、持氏に日出を讒訴した。一方日出は心海との問答の始末を記録して持氏に提出した。その結果日出は持氏の怒りをかってしまった。持氏は妙本寺・妙隆寺《みょうりゅうじ》を始め鎌倉中の法華堂十六箇所を没収して諸山諸寺に寄進するよう命じ、信者のうち「侍ハ所領ヲ召され、地下仁ヲバ頸を切り、法師ヲバ遠嶋ニ流さるべし」（一部原漢文、「伝灯録」）として、荒居《あらい》の閻魔堂《えんまどう》（円応寺《えんのうじ》）に信者を召し出したところ、代表者六十余人が臆せず参集した。一方その朝持仏堂で看経《かんきん》中の持氏は、夢うつつに現れた四十歳ばかりの僧に「何トテ我弟子共ヲバ無情アタラル、ヤラン」と説教され、三年のうちに命を取るべしと告げられた（同前）。これにより持氏は日蓮宗徒を許すことにした。この事件を「永享の法難」という。命懸けで閻魔堂に集まった信徒の態度に圧倒された持氏が、処罰を取り消したのであろう。

憲実との不和

翌九年四月、持氏は再び小笠原退治と称して、信濃国へ出兵しようとした。ところが、これは憲実を討つためのものであるとの風説がたち、憲実恩顧の武士も諸国から参集して、鎌倉中は騒然となった。あわてた持氏は六月七日憲実の宿所を訪れ話し合いがもたれたが、和解はならず、憲実は七月二十五日に七歳の嫡子を密かに領国上野へ落とした。八月十三日重ねて憲実宿所を訪れた持氏が「管領職元の如くタルベキ旨」（一部原漢文）強請したため、憲実は了承した（以上「喜連川判鑑」）。しかし憲実は実質的には管領復職を拒み続けたらしく、公方持氏と管領憲実との不和は解けなかった。

この間に信濃国内の事件は小笠原氏の勝利で決着した。持氏の信濃国出兵を止めた憲実の行動が、京都では「京方として諫言致す」（原漢文、「看聞日記」永享九年七月三日条）と受け取られた。憲実は京（幕府）の味方であるとの認識が生まれていることが知られ、さらにこれを利用する将軍義教の意思が加わって、持氏と憲実の隙間はますます開いていったのである。

嫡子元服　永享五年五月三十日持氏は嫡子賢王丸《けんおうまる》のための祈禱を行った鶴岡八幡宮若宮神主大伴持時《もちとき》を賞した（「鶴岡八幡宮文書」）。その賢王丸の元服は永享十年六月に鶴岡八幡宮で行われた。これは先祖の源義家《よしいえ》の例にならってのことである。この元服式で持氏は嫡子を「義久《よしひさ》」と名乗らせた。これまでの例に従えば、関東公方家は将軍から将軍の通字である「義」以外の一字を与えられて名乗るはずであった。憲実は今回もこの例に従うべきことを持氏に進言したが、持氏は耳をかさなかった。嫡子の名前に敢えて「義」を用いたことからも、持氏があくまでも将軍職にこだわっていることが察せられる。「是より君臣ノ間睦じからず」（一部原漢文）と「喜連川判鑑」が記すように、持氏に反抗する形となった憲実を疎んじ、持氏が憲実を暗殺するとの風聞に、憲実は元服の祝儀に臨席しなかった（「永享記」）。

義教の意思　この鎌倉府内の公方と管領の不和を利用したのが将軍義教であった。京都石清水八幡神前におけるくじ引きによって将軍を継いだ義教は、神慮によるものとして自信を持ち、強い個性を発揮して、将軍専制体制の確立を目指した。将軍の絶対的存在を示すため、各国守護家の継嗣に干渉し、本来なら家督となる可能性の薄い人物を取り立てて守護にした。日陰にいた彼らを取り立てて恩を売り、彼らの忠誠奉公を期待したと考えられる。干渉を受けた守護家は内紛を起こし、勢力が減退する場合が多かった。将軍専制を目指す義教にとって、何かと対抗する関東公方持氏の存在は甚だ望ましくなかった。そこで持氏に取って替わろうと画策していた陸奥国の満直を支持して関東の分裂を目論み、持氏を挟み撃ちにする形を整えた。そして鎌倉府内で持氏と対立する憲実を利用して、義教は持氏討伐を実行に移した。それが永享の乱と称される合戦である。

乱始まる　乱の発端を「永享記」は次のように記している（以下乱の経過は主として「永享記」による）。永享十年八月十六日を期して持氏が憲実を攻めるとの風聞があり、憲実は「身に於て誤りなくして御旗を向けられ、御敵分に成て討れん事、不忠之至り末代迄の瑕瑾《かきん》也」（一部原漢文）と嘆き自害しようとしたが、近臣に阻まれ未遂に終わった。家臣らと相談し申し開きの機会を得るため、一時領国伊豆に近い相模国河村館《かわむらやかた》（神奈川県山北町）へ移ろうとしたが、いま西へ移動することは京都へ近づく形となり適切ではないとの判断から、憲実は北の領国上野への下向を決めた。八月十四日真夜中鎌倉山内の館を出立した憲実は、持氏方との一発触発に際しても、自分らの下向は罪なき旨を申し開きするためのものなので、先手は無用と同心者を制止しつつ、路次で加わる武士らと共に上野国へ下った。

持氏が憲実を討つと噂された八月十六日は鶴岡八幡宮の放生会《ほうじようえ》の翌日で、この日は社頭で猿楽《さるがく》が催され、公方・管領以下が出席して終日楽しむ日であった（「鎌倉年中行事」）。持氏はこの行事に紛れて憲実の暗殺を企てたのであろうか。

憲実の鎌倉脱出を知った持氏は、八月十五日近臣一色氏に旗を与え、憲実追討のため上野国へ下した。持氏自身は十六日に鎌倉を立ち、武蔵国府中の高安寺《こうあんじ》（東京都府中市）に出陣した。

憲実を京方とみていた幕府は、すでに七月三十日を皮切りに各武将に対して憲実への合力を指示していた（「足利将軍御内書幷奉書留」）。幕府は八月二十二日上杉教朝を大将とした持氏討伐軍を下し、信濃国小笠原氏にも関東への発向が命じられた（「真壁文書」「小笠原文書」）。朝廷でも同月二十八日後花園天皇が持氏討伐の綸旨《りんじ》を発し（「安保文書」）、錦の御旗が幕府に与えられ、この旗は陸奥国の満直が賜ったという（「看聞日記」永享十年十月十日条）。持氏は九月六日覚園寺に凶徒退治祈禱を命じた（「覚園寺文書」）。一方義教は九月十四日持氏追討の願文を摂津国水無瀬宮《みなせぐう》に奉り（「水無瀬宮文書」）、自身も出陣の構えをみせたが、管領細川持之《もちゆき》らの諫言によって思い止まった（「看聞日記」同年九月二十二日条）。この頃関東動乱に関する静謐祈禱が東寺不動堂においても行われていた（「東寺執行日記」五）。

上野国内で憲実軍と一色軍が戦う一方、相模国内では幕府軍と持氏軍との攻防があり、九月末持氏は相模国海老名に布陣した。この頃から持氏に背《そむ》く武士たちが目立ち始め、上野国に下った一色軍の中にも憲実方に寝返る武士が続出したため、一色氏はわずかの手勢とともに相模国の持氏に合流した。幕府が表立って持氏討伐の行動に出た故の諸士の心変わりであろう。これは自らが生き残るために、勝ち目のある方に味方することを繰り返す中小武士たちの必然の行動であった。

三浦氏の反逆　去る八月の持氏出陣に際し鎌倉の留守を預かっていた三浦氏が、十月三日に至り鎌倉を放棄して三浦（神奈川県横須賀市）に退き、十一月初め鎌倉に攻め入り火を放った。この時公方館に居た持氏の嫡子義久は、近くの報国寺《ほうこくじ》に逃れた。この三浦氏の反逆は、持氏にとっては大きな誤算であった。鎌倉警固が先例であった三浦氏に対して、今回も持氏はそれを三浦時高《ときたか》に命じた。時高は「近年領地少く軍兵なければは、不肖の身として如何叶いがたき旨辞し申」（一部原漢文、「永享記」）したが許されず、持氏の厳命によって引き受けたのであった。この三浦氏衰退の原因が、応永後期の相模守護改替にあったことは想像に難くない。三浦氏は南北朝期以降代々相模守護に任じられていたが、持氏が近臣一色氏を相模守護となし三浦氏を退けたため、三浦氏は面目を失い持氏を快く思っていなかったのは確かであろう。ここで持氏は鎌倉を失い、この合戦での決定的痛手となった。

さてここにもう一人持氏のもとを去った重要人物がいた。鎌倉府の政所執事二階堂盛秀である。盛秀は先に憲実の指示で幕府との和睦の使者に立った人物である。憲実との信頼関係が窺え、永享の乱に際して盛秀は持氏を見限ってしまったのである。持氏はごく近侍の家臣を除き、主だった鎌倉府の要職者に完全に見捨てられた存在となってしまった。

持氏鎌倉に戻る　永享十年十月五日京都の上杉氏が越後国に下向した。これは持氏と「義絶」した憲実に合力のためと京都では理解されていた（「師郷記」）。やがて憲実は上野国から鎌倉を目指したが、十月十九日武蔵国分倍河原《ぶばいがわら》（東京都府中市）に布陣したまま動かず、家宰長尾忠政《かさいながおただまさ》を鎌倉に向かわせた。忠政は途次同じく鎌倉を目指していた持氏一行と葛原《くずはら》で出会い、持氏が讒臣を退けることを約束したため、忠政は持氏に臣下の礼をとり共に鎌倉に入った。持氏はまず浄智寺に入り、間もなく永安寺へ移り、十一月四日には武蔵国の称名寺に移され、翌日剃髪し道継《どうけい》と号した。鎌倉に戻った持氏はもはや鎌倉の主としての力は失っていた。称名寺で持氏近臣の多くが切腹させられ、持氏は十一日に再び鎌倉の永安寺に入った。

この時期に至っても持氏は俗世の権力に未練をもっていたことを窺わせる史料がある。常陸国の鹿島実幹《さねもと》父子の忠節を褒め、ますますの忠功を命じた永享十年十一月二十七日の感状写である（「常陸遺文」二）。この中で持氏は、この度の合戦は憲実が謀反を起こしたため、思いもよらず京都と鎌倉が対立することになり、また味方であった武士までが敵対する結果となったことは、諦めきれないことである、と述べている。味方武士たちの離反の可能性も、持氏には計算できていなかった。思惑どおりにゆかない現実に、持氏はうろたえるしかなかったかもしれない。この鹿島氏充ての書状が、持氏発給文書として年次の分かる最後のものと思われる。

持氏が永安寺に軟禁されて一ヵ月近くがたった。すでに鎌倉に入っていた憲実は、幕府から持氏処断の催促を受けていた（「足利将軍御内書幷奉書留」）。こんななか憲実は持氏の宥免を幕府に願い出たのである（「看聞日記」永享十年十二月八日条）。しかし幕府では、このまま持氏を助けては後日の禍となるであろうと評議で決定し、持氏討伐が目的であった義教は憲実の請願を退けた。

永享十一年閏正月二十四日義教は信濃国の小笠原政康に合力命令を出し、同時に京方としての憲実

（「結城合戦絵詞」部分、国立歴史民俗博物館蔵）

の行動に疑念があるので使者を鎌倉に遣わしたこと、さらに使者と談合して持氏のいる永安寺および義久のいる報国寺を攻めるよう付け加えた（「小笠原文書」）。

持氏の死　永享十一年二月十日憲実は義教の強い命令に負け、千葉胤直《たねなお》らをして持氏のいる永安寺を攻めさせた。憲実自身も討手となったと「東寺執行日記」（五）にはみえる。「師郷記」同年二月十日の条には、関東に遣わされていた相国寺長老が下着しての話として、持氏は若公・姫君等七人を自分で殺害し、その後寺に火を放ち自害して果てたと記されている。なお「結城合戦絵詞」の上図部分は、持氏の最期を描いたとされる。四十二歳（「足利系図」等。なお「臥雲日件録抜尤」文安五年八月十九日条によると四十三歳）、公方になって三十年目であった。法名は楊山《ようざん》道継、長《ちょう》

図19　切腹する武将

春院《しゅんいん》と称する。長春院は永安寺内にあった塔頭の名である（『神奈川県の地名』）。瑞泉寺に持氏のものと伝えられる墓塔がある（『鎌倉事典』）。この頃は持氏と共にあった叔父の稲村御所満貞をはじめ近臣ら二十数名が同時に果てたという（「足利治乱記」下）。持氏室も永安寺の大塔の中で焼死したと「足利治乱記」（下）は伝えるが、後年文安四年（一四四七）九月十八日上杉憲実（法名長棟）によって「御れう所」とされた伊豆国平井郷は、その時家臣から召し上げて持氏後室料所とされたと解されているので（「上杉家文書」）、生存したと考えられる。京都では「関東御退治」が成ったことを賀す行事がしばらく続いた（「建内記」）。

いま鎌倉の別願寺にある高さ三メートル余の宝塔は、持氏供養塔と伝えられている。別願寺は関東公方が代々父の菩提を弔うための寄進を行った

図20　伝足利持氏供養塔
（神奈川県鎌倉市別願寺）

菩提寺であった。

この年永享十一年憲実は領国伊豆に蔵《ぞう》春院《しゅんいん》（静岡県大仁町）を建立したが、それは主持氏を追善するためであった（「日本洞上聯燈録」六）。同寺の由緒書によれば、殿堂が完成したのは十二月、持氏の院号「長春院」を二文字に分けて、山号を長谷山といい、寺号を蔵春院と名付けたという。裏山には持氏の廟所や持氏が兜に入れていた小さな地蔵像を祀った将軍地蔵があったという。

持氏の嫡子義久は二月二十八日報国寺で自害した。義久の享年は「鎌倉大日記」に十一歳、「足利系図」・「永享記」には十歳とみえ、一方「足利治乱記」（下）・「上杉憲実記」は前年の義久元服を十三歳とするので、享年は十四歳となる。義久の墓と伝えられる墳墓が同寺にある。そして義久の弟たちは鎌倉脱出に成功し、関東公方足利氏の滅亡は免れた。なお「建内記」永享十一年二月二十日条によると、「鎌倉故武衛子息一人」がとりこにされ、関東で誅すべきか、京都に送るべきか注進されたとみえるが、義久のことであろうか。

子供達　系図類によると左のようである。

- 持氏
  - 義久
  - 春王丸
  - 安王丸
  - 成氏
  - 周昉　長春院主
  - 成潤　勝長寿院
  - 尊倣　長春院
  - 弘尊　若宮別当
  - 守実　一説周昉子、熊野堂本源院
  - 女子　前大平寺昌泰

元服後の実名が分かるのは嫡子義久と、後に鎌倉府を再興する成氏のみであり、幼名で登場する春《はる》王丸《おうまる》・安王丸《やすおうまる》は終章で触れる結城合戦で殺され、残りの遺児たちはすべて仏門に入った。長幼に関しては必ずしも明確ではない。「系図纂要」によると、春王丸・安王丸・成氏の母は簗田長門守《ながとのかみ》直助《なおすけ》娘とされ、「古河公方系図」（続群書類従本）は春王丸の母を簗田河内守《かわちのかみ》娘とする。簗田氏は足利氏の被官であり、河内守はのち足利成氏に従っていることが「鎌倉大草紙」にみえる。

なお「師郷記」康正二年（一四五六）四月二十七日条に、「鎌倉殿舎兄」が今日関東に下向したとみえ、その彼は近年幕府を頼って在京していたという。当時の鎌倉殿は足利成氏と思われるが、明確に成氏の兄とみられる三人は既に死去しており、僧侶のうち誰かが成氏より年長であったのであろうか。

終章　足利成氏

1　結城合戦

主を欠いた鎌倉府　永享十一年（一四三九）二月十日、関東公方足利持氏の死を以て永享の乱は終結した。将軍専制体制の確立を意図する足利義教の画策は成功し、将軍自身による関東支配が行われた。手初めは持氏時代の鎌倉五山の住持の更迭であった（「蔭凉軒日録」永享十一年五月四日条）。五山住持及び鶴岡八幡宮別当の任命は、守護補任同様将軍の権限であったので当然ではあるものの、将軍自らが関東支配を行うことを宣言した行為とみられる。

乱後処理の急務は関東公方の任命であった。義教は自分の子（誰であるかは不明）を関東公方として鎌倉へ下向させて関東統治を行わせようとした（同前、永享十一年七月二日条）。しかしこの関東公方は鎌倉へは下向しなかった。京方の上杉憲実は主を死に至らしめた自らの行為を悔い、六月二十八日持氏が自害した永安寺で自害を試みるなど（「生田本鎌倉大日記」「師郷記」同年七月四日条）、鎌倉府から離れた存在となっており、義教は憲実のいない鎌倉へ我が子を下向させる決心がつかなかったのかもしれない（『神奈川県史』通史編1）。永享十一年末までには憲実は出家して伊豆国国清寺に籠居してしまった。

結城合戦　永享十二年三月初め持氏の遺児春王丸・安王丸を擁した持氏方残党が、常陸国で挙兵した。遺児らは永享の乱後下野国日光山に落ちていたと諸書は伝える。春王丸と安王丸の長幼については定かでないが、この時点での関東公方足利家の家督を継ぐべき人物は、安王丸であった。安王丸は三月四日常陸国加茂社に、「源安王丸征夷将軍」の武運長久を祈っており（「常陸加茂社文書」）、鎌倉府奪回のみならず幕府征服の意図をも窺わせる（『神奈川県史』通史編1）。三月二十一日安王丸らは下総国の結城氏朝《うじとも》に迎えられ結城城に入り、北関東の中小武士が参集した。世に結城合戦と呼ばれる戦いが始まった。三月二十八日安王丸は上杉憲実らの誅伐を標榜して、陸奥国石川持光《もちみつ》に軍勢催促状を発し、七月八日には感状を与えている（「石川文書」）。

持氏遺児挙兵の報に、幕府は永享十二年三月二十七日憲実に政界復帰を促し、遅滞するならば先忠も無にすると脅し、一刻も早い帰参を命じた（「足利将軍御内書幷奉書留」）。憲実は四月六日に至って伊豆国を立ち鎌倉山内に入った。そして五月十一日には神奈川（横浜市）に出陣している（「鎌倉九代後記」）。幕府は一方で四月十一日付で「持氏御息陰謀」につき常陸国内で凶徒が蜂起したので、直ちに発向するよう曽我氏に命じた（「古今消息集」三）。

結城城を目指した討伐軍は、七月末には同城を包囲し、翌嘉吉《かきつ》元年四月中旬安王丸らが籠もる結城城は陥落した。「鎌倉大草紙」（中巻）によると、討伐軍方がこの時分捕った首は結城・木戸氏を始めとして一五〇に及び、他に生け捕りにされた武士も多かった。そして持氏の遺児三人も生け捕りにされた。春王丸と安王丸（「足利治乱記」〈下〉によると十三歳と十一歳、「東寺執行日記」〈五〉によると十二歳と十一歳、「師郷記」嘉吉元年五月十九日条には関東若公両人頸は十二歳と十歳であったとみえる）と、残る一人は「建内記」に四歳とみえる子である。春王丸・安王丸は京都へ護送される途中の五月十六日、美濃国垂井《たるい》の金蓮寺《こんれんじ》（岐阜県垂井町）で誅殺された。残る幼い一人を誅殺すべきか否か幕府に注進した折しも、将軍義教が播磨国の守護赤松満祐《みつすけ》に殺害され（六月二十四日、嘉吉の乱）、結城合戦も終結する形となり、この幼児は生き延びたのである。これまでは彼が後に関東公方となる成氏とみられていたが、百瀬今朝雄氏は成氏の弟雪の下殿（尊[^1]倜《そんじょう》）であるとされた（『神奈川県史』通史編1）。

2　関東公方となる

上杉憲忠　足利成氏の代に関東管領をつとめた上杉憲忠《のりただ》は、憲実の長子である。しかし後述するように憲実は自分の子供が関東の政界に出ることを決して望んでいなかった。

京都では義教の死後長子義勝《よしかつ》が七代将軍となったが、彼はまだ八歳であった。幕政は大名たちの合議制で行われ、嘉吉元年（一四四一）六月二十九日憲実に充てられた管領細川持之の書状には、隠居を望んでいることは承知しているが、いま関東のことは憲実に任せるべしと幕府では評議された旨が記されていた（「足利将軍御内書幷奉書留」）。憲実に対する幕府の期待と強請によって、憲実は鎌倉を去ることができなかった。

嘉吉三年七月二十一日将軍義勝が十歳で死んだ。父義教による足利持氏討伐の報いもあるのかと噂された（「建内記」）。そして義勝の弟義成《よししげ》（のちの八代将軍義政《よしまさ》）が八歳で家督を継いだ。

文安《ぶんあん》元年（一四四四）秋憲実は所領等の譲状を書き、上杉氏にとって重要な所領を次男房顕《ふさあき》に譲った（同年八月・同年九月「上杉家文書」）。文面によると、丹波国漢部《あやべ》郷（京都府綾部市）については、出家した兄龍忠《りゅうちゅう》（幼名は龍若とされるので法名か。のち還俗して憲忠と名乗る）が生存中は兄に知行させ、死去の後は房顕が知行すること、もし龍忠が還俗するようなことがあったら「不孝之子」であるので、生存中でも父の遺領は知行させてはいけない、と憲実は房顕に命じた。この時の憲実の決心は、諸子のうち次男房顕のみを在俗のまま京都奉公させ、残る男子四人はすべて出家させ、関東の政界には自分の息子は一人も出さぬというものであった。憲実は永享の乱後鎌倉府を去る時、実弟の清方《きよかた》（越後上杉氏）を呼び寄せ、彼に関東管領の職掌と山内上杉氏の家督を譲り、関東分国内の所領をこの清方に与えたと推測される。ところが清方は文安二年八月以前には没してしまった。家督を失った上杉家では老臣長尾景仲《かげなか》らが計って龍忠を還俗させて家督を継がせることにした。おそらく文安三年二月頃には家督となっていたと思われ、このような憲忠の行為は、父憲実の意思とは全く異なったものであった（『上杉憲実』）。

鎌倉府の再興　文安四年（一四四七）三月、永享十一年（一四三九）の持氏の死以来空席のままであった関東公方の後継者について幕府で評議され、将軍の兄弟を鎌倉に下すか、または持氏の子にするか決めかねていた。幕府ではその決定を憲実に一任し、かつ憲実に関東管領として公方を補佐するよう命ずることにした。しかし幕府でも憲実の隠遁の意思が強いことは承知しており、それを宥《なだ》めるため天皇から綸旨を賜ることまで検討された（「建内記」同年三月二十三日条）。もし憲実が管領にならなければ、また京都と鎌倉とが不和となるかもしれない、憲実が関東の政界に在ることが京都と鎌倉の無事を保つ道であると考えられていた。しかし憲実は管領就任を固辞した。そのため同年七月四日に至って憲実の子憲忠を関東管領にすることにつき、憲実を説得するよう幕府の管領細川勝元《かつもと》に命じる綸旨が出された（同前）。「上杉系図」の憲忠の項に、文安四年九月二十五日に綸旨を携えた使者が到着したとの記述があり、関東管領就任に関するものか定かではないが、この頃憲忠は政界に進出したと考えられ、これを期して憲実は子憲忠を義絶したとみられる（文安四年と推測される十月十一日憲実書状写「上杉家文書」『上杉憲実』）。自分の子が関東の政界に出ることを憲実がいかに戒めていたかを知る憲忠義絶であった。

翌文安五年の憲実は三十九歳、傘をかぶり、わらじを履いて独りで歩いており、主持氏に背いた謝罪の行脚であると他人に語ったという（「臥雲日件録抜尤」同年八月十九日条）。同年十一月二十一日には憲忠の関東管領在職の徴証がある（「相州文書鎌倉郡覚園寺文書」）。一方成氏の関東公方就任の時期は詳らかでなく、佐藤博信氏は文安四年三月頃とされ（「足利成氏論ノート—百瀬説に学ぶ—」『史観』一一三）、鎌倉府は再興された。

成氏を持氏の後継者とするため運動したのは、「鎌倉大草紙」によれば越後守護上杉房定《ふささだ》と関東の諸士、また「永享記」では上杉の一門家老とされている。持氏の遺児で信濃国の大井持光《おおいもちみつ》に養われていた成氏の帰還を切望したのは、旧持氏近臣・与党者であったに違いなく、幕府においては畠山氏がこれを支持した可能性が見受けられる（『神奈川県史』通史編1）。成氏は系図では幼名を永寿王《えいじゅおう》といい、元服の日は確認できないが、「康富記」文安六年（一四四九）七月三日条に、京都において「関東御名字」が「成氏」と決まったとみえる。この名乗りは当時の将軍義成（義政の初名）の一字を与えられたものである。「綱光公記《つなみつこうき》」によると同年八月二十八日成氏は左馬頭に任じられた（新田英治氏「中世の日記を読むにあたって」『歴史遊学』）。なお「鎌倉大草紙」は同年十一月三十日の鎌倉御所新成時に元服したとし、「鎌倉大日記」は同年十二月三十日としている。「喜連川判鑑」はその後宝徳三年（一四五一）二月二十八日には従四位下に叙せられたと記す。おそらく宝徳三年には同時に左兵衛督にも任じられたと思われる。

3　享徳の乱

成氏の支配力　持氏が自害してから十年近くが経過し、この間鎌倉を支えていたのは上杉氏であった。特に山内家家宰長尾氏と扇谷家家宰太田氏が台頭し、実権を握っていたとみられる。このような鎌倉に関東公方として足利成氏が君臨し、持氏遺臣を重用して鎌倉府の立て直しをはかろうとすれば、足利派と上杉派の衝突は避けられなかった。

宝徳二年（一四五〇）四月二十日成氏が鎌倉から江ノ島に移り、上杉軍と合戦となった（江ノ島合戦と呼ばれる）。上杉憲実の弟道悦《どうえつ》（重方《しげかた》）が調停の労を取ったとされ（「名将之消息録」）、年内には一応の終結をみた。

この頃の成氏の支配の実態は、持氏期に比べると凋落ぶりは著しく、関東公方がもっていた土地充行権や裁判権に幕府が関与しており、また課税も幕府が行うなど、関東の主要な政務は、ほとんど幕府の掌握するところであった（『神奈川県史』通史編1）。享徳二年（一四五三）に至る頃には、公方成氏から幕府へ申し入れをする場合は、管領上杉憲忠が副状を付けなければ成氏の申し入れに対して幕府は返答しないという状態であり（「喜連川文書」）、幕府は上杉氏を通して自ら関東統治を行う姿勢をみせていた。

享徳の乱始まる　成氏はこのような立場の不利を、武力をもって解決しようとした。幕府が重用する憲忠は、成氏にとっては父持氏を死に至らしめた仇敵憲実の子であり、「喜連川判鑑」によれば成氏は憲忠に対して恨みをもっていたという。享徳三年十二月二十七日成氏は憲忠を鎌倉西御門第に招き謀殺した。享徳の乱の始まりであり、関東は動乱の時代に入った。ちょうどこの頃「鎌倉年中行事」が成立し、そこには成氏の近臣であったと思われる面々が記されている。「御所奉行」として「佐々木近江守、海上信濃守、梶原美作守、宍戸、二階堂信濃守、寺岡但馬守《たじまのかみ》、本間遠江守、海老名」、さらに「奉行人」として「壱岐、明石、布施、雑賀、清、吉岡」、「奉公中之宿老木戸、野田」や「成氏社参ノ御剱役一色左衛門佐」等がみえている。

さて足利軍と上杉軍（山内・扇谷連合軍）との戦いは、翌年正月の相模国島河原《しまがわら》（神奈川県平塚市）の戦いから始まった。二月成氏は武蔵国村岡《むらおか》（埼玉県熊谷市）に在陣、三月三日には下総国古河《こが》（茨城県古河市）へ移った（「赤堀文書」）。上杉軍は成氏を執拗に追い、やがて成氏は古河を拠点とした。成氏追討のための幕府軍が鎌倉に入ったのは六月十六日、公方御所をはじめ神社仏閣は悉く焼き払われ、「永代鎌倉亡所となり、田畠あれはてける」と「鎌倉大草紙」は伝える。

成氏が幕府に送った憲忠謀殺に関する弁明書に対し、幕府は返答しなかった（「武家事紀」三十四）。成氏と幕府との対立は長期化し、成氏は父持氏と同様に京都の改元を無視して抵抗し続けた。成氏は乱勃発時の享徳年号を二十七年（文明十年、一四七八）まで使用し続けたが、この間京都では「康正」「長禄《ちょうろく》」「寛正」「文正」「応仁《おうにん》」「文明《ぶんめい》」と改元された。

4　古河公方成氏の死

古河を拠点とする　鎌倉を出てからの長い戦乱の中で、成氏が本拠としたのが下総国古河であった。それ故に成氏は古河公方と称される。

もはや成氏を関東公方と認めないとした幕府は、新たに関東公方を決めた。将軍足利義政の庶兄を還俗させて「関東主君」とすることにした（康正三年七月十六日「石川文書」）。これが足利政知《まさとも》である。政知の関東下向は長禄二年（一四五八）五月から同年八月までの間であるが（『神奈川県史』通史編1）、彼は鎌倉に入ることなく、伊豆国の堀越《ほりごえ》（静岡県韮山町）に留まったので堀越公方と称される。

当時鎌倉は幕府軍今川氏の勢力下にあり、相模国は上杉氏の勢力下にあった。諸勢力の微妙な利害得失が絡み合い、政知の鎌倉入りは実現しなかった。上杉氏の中でも山内家と扇谷家との確執が激しくなり、関東地域は混沌とした戦乱状態が続いた。

文明十二年（一四八〇）三月成氏は、越後の上杉房定を仲介として幕府に和睦を申し入れ（「蜷川家古文書」）、同十四年十一月になって和睦が成り、成氏は関東九ヵ国を支配することになり、政知には伊豆国と料所が与えられ政知はそのまま伊豆に留まった（「諸状案文」『神奈川県史』通史編1）。成氏

図21ａ　古河城跡(茨城県古河市)
(渡良瀬川にかかる三国橋から川下に向かい東岸を見る。)

図21ｂ　古河城本丸跡の標識
(写真ａの画面中央付近の堤防上にある。)

は一応関東の主と認められたことになる。最終的な都鄙和睦（幕府と成氏との和睦）が実現したのは文明十五年六月とされ、ここに享徳の乱が終結した（『静岡県史』通史編2）。

成氏の死　成氏は「足利系図」によれば明応六年（一四九七）九月三十日六十四歳で波瀾の一生を終わった。久山道昌《きゅうざんどうしょう》と号し、乾亨院《けんこういん》と称する。成氏の後は彼の子孫（政氏《まさうじ》―高基《たかもと》―晴氏《はるうじ》―義氏《よしうじ》）が古河公方を継承したが、小田原北条氏台頭後の古河公方の勢力は次第に衰え、関東支配をめぐる諸将の争いに利用され、あるいは彼らを頼っての余命であった。天正《てんしょう》十年（一五八二）閏十二月二十日（京暦では天正十一年正月二十一日）の義氏の死とともに、関東公方の後裔である古河公方は消滅した。

関東公方が去った鎌倉　鎌倉時代の鎌倉は、中世都市として繁栄をみたが、元弘の変（一三三三年）で戦場となり壊滅状態となった。続く中先代《なかせんだい》の乱（一三三五年）の後は鎌倉を戦場とした大きな戦いは禅秀の乱（一四一六年）までなかった。この間に鎌倉府の主関東公方足利氏によって、鎌倉の再建がなされた。しかし四代公方足利持氏の時、禅秀の乱に引き続く二つ目の大乱である永享の乱（一四三八年）で、鎌倉は崩壊した。その十年後に鎌倉府は再興されたが、公方足利成氏が引き起こした享徳の乱（一四五四年勃発）は二十数年に及び、この間足利氏は鎌倉を放棄してしまった。

文明十八年（一四八六年）京都相国寺の僧万里集九《ばんりしゅうきゅう》が見た鎌倉はどんなであったか。露座の大仏の腹の中で白昼博奕《ばくち》をする族《やから》がおり、鶴岡八幡宮の立派さは昔に変わらぬものであったが、足利邸は既になく、同氏縁の浄妙寺は一房を残すのみで廃寺寸前であった。荏柄天満宮では戦いの痕が梁上にみられたという。初代公方足利基氏の眠る瑞泉寺では、一覧亭を探したが礎を残すだけであった（「梅《ばい》花《か》無《む》尽《じん》蔵《ぞう》」）。

同じ年鎌倉の浄妙寺を訪れた堯恵《ぎようえ》法印もその荒れ果てた様子を「北国紀行」に記している。浄妙寺の東に隣接していた足利邸（鎌倉府）は主が去ってその姿を消したが、現今に至るまでその地は「御所之内」と呼ばれており、足利氏の存在が人々の記憶に残っている。

関東公方が去り荒廃し果てた鎌倉を見て、その復興を心に誓ったのは北《ほう》条《じよう》早《そう》雲《うん》（伊《い》勢《せ》宗《そう》瑞《ずい》）であった。

　枯るる樹にまた花の木を植えそへて　もとの都になしてこそみめ

この和歌は、永正九年（一五一二）八月十三日鎌倉に入った早雲が詠んだものとして「快《かい》元《げん》僧《そう》都《ず》記《き》」（天文三年十一月二十日条）に記されているものであるが、足利氏が鎌倉を離れてすでに五十数年が過ぎていた。

参考文献

本書を書くにあたって参考にした史料は、本文の中で多くかっこ内などに示している。これらはおおまかに原史料である「古文書・古記録」（原文は和様漢文が多い）、「研究書・史料集」、各地域で編纂されている「市町村史」の三つに分類できるので、関東公方足利氏を知るために特に重要なものを、活字本を中心にいくらか挙げておきたい。なお史料や研究書には難解なものもあるので、この中では市町村史の通史編などが、より広く知りたい場合まず取り組みやすいものであるかと思う。

一　古文書・古記録（『　』内は刊本）

足利治乱記（あしかがちらんき）　『改定史籍集覧』所収

上杉家文書（うえすぎけもんじょ）　『新潟県史』資料編3　所収

永享記（えいきょうき）　『続群書類従』所収

円覚寺文書（えんがくじもんじょ）　『鎌倉市史』史料編2　所収

園太暦（えんたいりゃく）　『園太暦』一〜四（太洋社）、五〜七は『史料纂集』所収
　南北朝時代の太政大臣洞院公賢《とういんきんかた》の日記。

臥雲日件録伐尤（がうんにっけんろくばつゆう）　『大日本古記録』所収
　室町時代の相国寺の禅僧瑞谿周鳳《ずいけいしゅうほう》の日記。

鎌倉大草紙（かまくらおおぞうし）　『群書類従』所収

鎌倉大日記（かまくらおおにっき）　彰考館本…『増補続史料大成』所収

生田本…東京大学史料編纂所架蔵（本書では「生田本鎌倉大日記」と表記した。）

鎌倉九代後記（かまくらくだいこうき）　『改定史籍集覧』所収

鎌倉年中行事（かまくらねんちゅうぎょうじ）　『新校群書類従』所収

看聞日記（かんもんにっき）　『続群書類従』所収

室町時代の伏見宮貞成《さだふさ》親王の日記。

喜連川判鑑（きつれがわはんかがみ）　『続群書類従』所収

空華日用工夫略集（くうげにちようくふうりゃくしゅう）　『空華日用工夫略集』

南北朝時代、鎌倉・京都の五山等に住した禅僧義堂周信《ぎどうしゅうしん》の日記。

愚管記（ぐかんき）　『続史料大成』所収

南北朝時代の関白左大臣近衛《このえ》道嗣の日記。

建内記（けんないき）　『大日本古記録』所収

室町時代、武家伝奏《ぶけてんそう》を務めた内大臣万里小路時房《までのこうじときふさ》の日記。

後愚昧記（ごぐまいき）　『大日本古記録』所収

南北朝時代の内大臣三条公忠《きんただ》の日記。

新編鎌倉志（しんぺんかまくらし）　『大日本地誌大系』所収

太平記（たいへいき）　『大日本古典文学大系』所収

鶴岡事書案（つるがおかことがきあん）　『続群書類従』所収

鶴岡社務記録（つるがおかしゃむきろく）『鶴岡叢書』所収
鶴岡八幡宮文書（つるがおかはちまんぐうもんじょ）『鶴岡叢書』・『鎌倉市史』史料編1 所収
難太平記（なんたいへいき）『新校群書類従』所収
満済准后日記（まんさいじゅごうにっき）『続群書類従』所収
　室町時代の醍醐寺座主《ざす》・三宝院門跡満済《まんさい》の日記。
三嶋大社文書（みしまたいしゃもんじょ）『静岡県史』史料編6中世二 所収
師郷記（もろさとき）『史料纂集』所収
　室町時代の大外記中原師郷《なかはらもろさと》の日記。
師守記（もろもりき）『史料纂集』所収
　南北朝時代の明法官人中原師守《もろもり》の日記。
頼印大僧正行状絵詞（らいいんだいそうじょうぎょうじょうえことば）『続群書類従』所収

二　研究書・史料集

蔭木英雄著『訓注空華日用工夫略集』思文閣出版、一九八二年
佐藤進一著『南北朝の動乱』中央公論社、一九六五年
　『室町幕府守護制度の研究』上、東京大学出版会、一九六七年
佐藤博信著『続中世東国の支配構造』思文閣出版、一九九六年
東京大学史料編纂所編『大日本史料』六編・七編（継続中）
貫達人著『鶴岡八幡宮寺―鎌倉の廃寺』有隣堂、一九九六年

貫達人編『改訂新編相州古文書』角川書店、一九六五〜七〇年
武相史料刊行会編『武州文書』武相史料刊行会、一九五八〜六〇年
松本一夫著『東国守護の歴史的特質』岩田書院、二〇〇一年
山田邦明著『鎌倉府と関東―中世の政治秩序と在地社会』校倉書房、一九九五年
湯山学著『中世の鎌倉』光友会、一九九三年
渡辺世祐著『関東中心足利時代之研究』雄山閣出版、一九二六年（再刊、新人物往来社、一九七一年）

三　市町村史

『神奈川県史』通史編1　一九八一年
『鎌倉市史』総説編（高柳光寿著）　一九五九年
『静岡県史』通史編2　一九九七年
『栃木県史』通史編3　一九八四年
『福島県史』通史編1　一九六九年

あとがき

南北朝・室町期の関東地域の勉強を始めたのは、昭和四十二年神奈川県史の編纂に関わってからであり、すでに三十数年が過ぎた。同県史編纂の過程で、鎌倉府のことに関する研究が少ないのに戸惑ったことを思い出す。まとまったものとして渡辺世祐氏の『関東中心足利時代之研究』と『改訂新編相州古文書』、『鎌倉市史』等が大きなよりどころであった。『神奈川県史』刊行後多くの研究者によって当該分野が取り上げられ、研究内容の進展は目覚ましいものがあった。鎌倉府関係の事柄に付かず離れずの形で勉強を続けてきた私自身の総まとめというにはあまりにも乏しい内容であるが、人と人との関わりという興味にのっとってまとめを試みたのが小著である。

顧みれば私が細々ながらこの道を歩むことができたのは、私が出会えた諸先生方の御蔭としか言いようがない。すでにお亡くなりになられた竹内理三先生、土田直鎮先生、石井進先生への御恩は決して忘れない。県史編纂の仕事を通してご指導をいただいた先生方、神奈川県史での貫達人先生、百瀬今朝雄先生、静岡県史での今枝愛眞先生を始めとする有光友學氏、永村眞氏、村井章介氏、湯之上隆氏、山家浩樹氏、阿部浩一氏には、心からの感謝の気持を捧げます。このほか多人な学恩を頂戴した諸先生は枚挙にいとまがない。伏して御礼申し上げます。また大学卒業と同時に嘱託として五年間勤務させていただいた東京大学史料編纂所には、以後四十年にわたって架蔵史料の閲覧をさせていただいたことに深く感謝申し上げます。

小著の刊行に際しご紹介の労を取って下さった百瀬先生には心より御礼申し上げます。そしてお引き受け下さった吉川弘文館のご厚意にも厚く御礼申し上げます。

人と人とのつながりで人は生かされているとの思いから、足利氏四代の関東公方の生きざまをその点に注目して一応まとめることができたことに、ささやかな幸せをかみしめつつ「あとがき」を閉じたい。

平成十四年七月

田辺久子

著者略歴

一九三九年　新潟県に生まれる
一九六二年　東京女子大学文理学部史学科卒業
青山学院大学、東京大学史料編纂所、横浜国立大学、東京女子大学非常勤講師を歴任

〔主要著書〕
乱世の鎌倉　上杉憲実　信濃国宝勝寺文書　法名で引く忌日索引

関東公方《かんとうくぼう》足利氏四代
基氏《もとうじ》・氏満《うじみつ》・満兼《みつかね》・持氏《もちうじ》

二〇〇二年（平成十四）九月十日　第一刷発行
二〇二五年（令和七）四月一日　第七刷発行

著　者　田《た》辺《なべ》久《ひさ》子《こ》
発行者　吉川道郎
発行所　株式会社　吉川弘文館
郵便番号一一三—〇〇三三
東京都文京区本郷七丁目二番八号
電話〇三—三八一三—九一五一〈代表〉
振替口座〇〇一〇〇—五—二四四
https://www.yoshikawa-k.co.jp/
印刷＝株式会社　平文社
製本＝ナショナル製本協同組合

ISBN978-4-642-07789-7

鎌倉府と室町幕府（動乱の東国史）

小国浩寿著　四六判／二八〇〇円

南北朝～室町期にかけて、関東を統轄した鎌倉府とは何だったのか。勢力範囲拡大の様相、鎌倉公方の幕府政治への対応と両者の対立、関東管領の動向などを描き出し、権力闘争の舞台、鎌倉府から室町期東国の実態に迫る。

享徳の乱と戦国時代（列島の戦国史）

久保健一郎著　四六判／二五〇〇円

十五世紀後半、上杉方と古河公方方が抗争した享徳の乱に始まり、東日本の地域社会は戦国の世へ突入する。室町幕府の東国対策、伊勢宗瑞の伊豆侵入、都市と村落の様相、文人の旅などを描き、戦国時代の開幕を見とおす。

古河公方と伊勢宗瑞（動乱の東国史）

則竹雄一著　四六判／二八〇〇円

室町幕府の東国統治体制は、鎌倉公方の分裂で弱体化し、やがて伊勢宗瑞（北条早雲）の登場にいたる。享徳の乱以降、関東全域を巻き込んだ争乱の時代を、連歌師ら文化人の関東下向や東国村落にも触れつつ新視点で描く。

鎌倉府体制と東国（オンデマンド版）

小国浩寿著　A5判／一一五〇〇円

室町期、京の将軍と鎌倉の公方の対立は、時代を貫く流れといえる。室町幕府は、なぜ反発を繰り返す鎌倉公方を代々任じ続けたのか。南北朝内乱の中で、義満でさえ滅ぼし得なかった鎌倉府権力が確立に至る過程を解明する。

◇人物叢書より　日本歴史学会編集

足利直冬　瀬野精一郎著——四六判／一八〇〇円

佐々木導誉　森　茂暁著——四六判／一九〇〇円

細川頼之　小川　信著——四六判／二一〇〇円

足利義持　伊藤喜良著——四六判／二〇〇〇円

（価格は税別）

田辺久子著

上杉憲実

（人物叢書）

四六判・一八〇頁

一六〇〇円（税別）

室町前期の武将。将軍足利義教と関東公方持氏という二人の権力者の間で、翻弄されながらも調停を試みた関東管領。度重なる諫止を拒否する持氏と対立し、終に永享の乱で心ならずも持氏を死に追込む。乱の終息後、政界を退き、僧侶となって諸国を放浪し、長門国で没する。儒学に志篤く、足利学校を再興したことでも知られる武将の波乱の生涯を描く。